MP3 다운로드 방법

컴퓨터에서 ➤
- 네이버 블로그 주소란에 **www.lancom.co.kr** 입력 또는
  네이버 블로그 검색창에 **랭컴**을 입력하신 후 다운로드

- **www.webhard.co.kr**에서 직접 다운로드
  아이디　　: lancombook
  패스워드 : lancombook

MP3
사용법

▶ mp3 다운로드

www.lancom.co.kr에 접속하여 **mp3**파일을 무료로 다운로드합니다.

▶ 우리말과 원어민의 1 : 1 녹음

책 없이도 공부할 수 있도록 원어민 남녀가 자연스런 속도로 번갈아가며 영어 문장을 녹음하였습니다. 우리말 한 문장마다 원어민 남녀 성우가 각각 1번씩 읽어주기 때문에 보다 더 정확한 발음을 익힐 수 있습니다.

▶ mp3 반복 청취

교재를 공부한 후에 녹음을 반복해서 청취하셔도 좋고, 원어민의 녹음을 먼저 듣고 잘 이해할 수 없는 부분은 교재로 확인해보는 방법으로 공부하셔도 좋습니다. 어떤 방법이든 자신에게 잘 맞는다고 생각되는 방법으로 꼼꼼하게 공부하십시오. 보다 자신 있게 영어를 할 수 있게 될 것입니다.

▶ 정확한 발음 익히기

발음을 공부할 때는 반드시 함께 제공되는 mp3 파일을 이용하시기 바랍니다. 언어를 배울 때 듣는 것이 중요하다는 것은 두말할 필요가 없습니다. 오랫동안 자주 반복해서 듣는 연습을 하다보면 어느 순간 갑자기 말문이 열리게 되는 것을 경험할 수 있을 것입니다. 의사소통을 잘 하기 위해서는 말을 잘하는 것도 중요하지만 상대가 말하는 것을 정확하게 듣는 것이 더 중요하다고 합니다. 활용도가 높은 기본적인 표현을 가능한 한 많이 암기할 것과, 동시에 원어민이 읽어주는 문장을 지속적으로 꾸준히 듣는 연습을 병행하시기를 권해드립니다. 듣는 연습을 할 때는 실제로 소리를 내어 따라서 말해보는 것이 더욱 효과적입니다.

다시 시작하는 **독학 영어 첫걸음**

다시 시작하는 **독학 영어 첫걸음**

2020년 2월 01일 초판 1쇄 인쇄
2024년 3월 25일 초판 7쇄 발행

지은이 이서영
발행인 손건
편집기획 김상배, 장수경
마케팅 이언영
디자인 이성세
제작 최승용
인쇄 선경프린테크

발행처 *LanCom* 랭컴
주소 서울시 금천구 시흥대로193, 709호 등
록번호 제 312-2006-00060호
전화 02) 2636-0895
팩스 02) 2636-0896
홈페이지 www.lancom.co.kr
이메일 elancom@naver.com

ⓒ 랭컴 2019
ISBN 979-11-89204-58-7 13740

다시 시작하는

독학 영어 첫걸음

이서영 지음

LanCom
Language & Communication

영어는 어순 중심의 언어!

우리말은 ~이, ~가, ~는, ~을 등의 조사가 붙어 문장의 의미가 성립되지만, 영어는 조사 없이 어순에 의해 의미가 결정되는 언어입니다. 그래서 우리말 문장에서는 단어의 순서를 바꾸어도 의미가 크게 달라지지 않고 무슨 말인지 대충 뜻이 통하지만 영어는 어순이 바뀌면 뜻이 완전히 변하고, 심지어는 전혀 말이 되지 않는 경우도 많습니다.

> 소년(이) 사과(를) 먹었다. = 사과(를) 소년(이) 먹었다.
>
> **The boy ate an apple.** 소년(이) 사과(를) 먹었다.
>
> **An apple ate the boy.** 사과(가) 소년(을) 먹었다.

영어 문장은 형식이 아닌 '어순'의 개념으로 익히고 이해해야 합니다. 우리가 모국어로 말하면서 억지로 문장의 순서를 머릿속에서 조합하는 것이 아니라 체화에 의해 자연스럽게 나오는 것처럼 영어도 무조건 외울 게 아니라 먼저 영어의 어순 개념을 이해하고 충분한 연습을 통해 익숙해지도록 해야 합니다.

동사는 문장의 핵심이다!

영어는 동사 중심의 언어입니다. 문장의 성분 가운데 어느 것이 중요하고 어느 것은 덜 중요하다고 할 수 없지만 영어에서 동사는 매우 중요한 역할을 합니다. 동사가 영어 문장에서 중요한 이유는 단어 하나만으로도 의미를 전달할 수 있고, 문장에 대한 가장 많은 정보를 전달하는 것도 동사이기 때문입니다.

동사의 모양을 보면 주어가 몇 인칭인지, 시제가 현재인지 과거인지 미래인지, 능동인지 수동인지, 문장이 실제 일어나고 있는 일인지 가정해서 말하는 것인지 알 수 있습니다.

영어는 복잡해 보이지만 언어라는 것이 아무렇게나 만들어진 것이 아니고 오랫

동안 사용되어 오면서 어렵고 잘 쓰지 않는 것은 사라지고 더 사용하기 편하고 배우기 쉽도록 변해왔습니다. 물론 예외라는 것은 어느 언어에나 조금씩은 존재하기 마련입니다.

영어는 그렇게 어려운 언어가 아닙니다. 우리말에 대한 개념이 이미 잡혀 있다면 더 배우기 쉬울 수도 있습니다. 가장 기본적인 문법을 토대로 영어의 어순을 문장을 통해 반복적으로 연습하다 보면 영어적인 발상을 통해 자연스럽게 문장을 만들 수 있게 될 것입니다.

이책의 구성 및 특징

1. 기본적인 문법사항만 익힙니다.

외국어 학습에서 가장 기본이 되는 문법은 필수 사항입니다. 영어 문장을 이해하고 만드는 데 꼭 필요한 기본적인 문법 사항만 정리해 두었습니다. 자세한 문법 사항을 제시하기보다는 기본적인 개념을 습득하고 문장을 활용하는 데 도움이 되는 사항에 중점을 두었습니다.

2. 문장을 패턴화하여 체계적으로 기억합니다.

어려운 문법 용어를 최소한으로 사용하면서 영어 문장의 구조를 패턴으로 공식화하여 긍정문과 부정문, 의문문 등 변형된 문장의 형식들을 쉽게 이해하고 기억할 수 있습니다.

3. 대화문을 통해 기본 문장을 응용할 수 있습니다.

각 유닛마다 기본 문장을 6개씩 두어 패턴을 충분히 숙지할 수 있도록 하였으며, 맞쪽에는 생생하고 자연스런 대화문을 통행 실전회화에서 바로 응용할 수 있도록 하였습니다.

이 책의 내용

PART 05 조동사

PART 06 비교급과 최상급 etc.

PART **07** 완료시제 etc.

>> 알파벳 문자 <<

A a	B b	C c	D d
에이	비-	씨-	디-
E e	F f	G g	H h
이-	에프	쥐-	에이취
I i	J j	K k	L l
아이	줴이	케이	엘
M m	N n	O o	P p
엠	엔	오우	피-
Q q	R r	S s	T t
큐-	아알	에쓰	티-
U u	V v	W w	X x
유-	뷔-	더블유	엑스
Y y	Z z		
와이	쥐-		

알파벳의 대문자와 소문자

위의 알파벳 문자표 왼쪽에 있는 A B C D E F G H I J K L M N O P Q R S T U V W X Y Z를 대문자라 하고,
오른쪽에 있는 a b c d e f g h i j k l m n o p q r s t u v w x y z를 소문자라고 합니다.
원래는 대문자밖에 없었으나 쓰기 불편하고 문장의 구분을 위해서 소문자가 생겨났다고 합니다.

>> 알파벳 소리 <<

A	B	C	D
애	브	크	드

E	F	G	H
에	프	그	흐

I	J	K	L
이	즈	크	르

M	N	O	P
므	느	오	프

Q	R	S	T
크어	르	스	트

U	V	W	X
어	브	우어	크스

Y	Z
이	즈

>> 알파벳과 단어 읽는 법 <<

ㄱ + ㅐ → 개

[기역   애]   [개]

d + o + g → dog

[디   오   지]   [독]

우리말에 '개'를 '기역, 애'라고 따로 떼어서 읽지 않듯이 영어에서도 dog을 '디, 오, 지'라고 읽지 않고 '독'이라고 읽습니다.

알파벳은 '소리'를 나타내는 문자입니다. 그러므로 '문자 그 자체'를 읽는 것이 아니라, 그 문자가 '단어의 일부 되었을 때 읽는 법'을 아는 것이 매우 중요합니다. 즉, 우리말에서 ㄱ, ㄴ, ㄷ, ㄹ... 등의 자음과 ㅏ,ㅑ,ㅓ,ㅕ,ㅗ,ㅛ... 등의 모음이 합쳐져 하나의 음절을 이루고, 그 음절이 모여 단어가 되듯이 영어도 위의 예처럼 마찬가지입니다.

🔊 모음

A a	E e	I i	O o	U u
map	**pen**	**sit**	**toy**	**cup**
[맵]	[펜]	[씻]	[토이]	[컵]
지도	펜	앉다	장난감	컵

◀)) 자음

B b	**b**oy [보이] 소년	C c	**c**at [캣] 고양이	D d	**d**uck [덕] 오리
F f	**f**ish [피쉬] 물고기	G g	**g**irl [걸] 소녀	H h	**h**at [햇] 모자
J j	**j**elly [젤리] 젤리	K k	**k**ing [킹] 왕	L l	**l**ion [라이언] 사자
M m	**m**oney [머니] 돈	N n	**n**ame [네임] 이름	P p	**p**ig [피그] 돼지
Q q	**q**ueen [퀸] 여왕	R r	**r**ock [락] 바위	S s	**s**un [썬] 태양
T t	**t**iger [타이거] 호랑이	V v	**v**ase [베이스] 꽃병	W w	**w**indow [윈도우] 창문
X x	**b**o**x** [박스] 박스	Y y	**y**ellow [엘로우] 노랑	Z z	**z**oo [주] 동물원

◀)) 다음 알파벳은 위의 소릿값과 다르게 읽는 경우도 있습니다.

C c	**c**ity [씨티] 도시	G g	oran**g**e [오린지] 오렌지	S s	ro**s**e [로즈] 장미

다시 시작하는
영어 첫걸음

P A R T **01**

be동사

현재형
과거형
미래형

기초 영문법 따라잡기

1 be동사가 뭐야?

be동사는 우리말의 '이다, **존재하다, 있다**'에 해당하는 영어의 동사 중 하나로, 주어(문장의 주인공)의 움직임이 아닌 **상태를 나타내는 동사**입니다. be동사는 동사 중에서도 많이 쓰이며 종류로는 am, are, is가 있습니다. 주어와 be동사만으로 문장이 이루어질 수 없기 때문에 반드시 형용사나 명사가 be동사 뒤에 와서 주어의 상태를 보충 설명해줍니다.

> 주어 + be동사 + **형용사** 또는 **명사**
> └→ 주어가 어떤 상태인지, 어떤 것인지, 혹은 누구인지 보충설명

다음 문장을 자세히 살펴볼까요!

> I + **am** 나는 ~이다. → 어라 나는 뭐지? 이 문장만으로는 주어가 어떤 상태인지 알 수가 없다!
> 주어   동사
>
> I + am + **brave**. 나는 용감하다. / I + am + a **student**. 나는 학생이다.
>   형용사   명사

위의 문장에서 형용사 brave(용감한) 혹은 명사 student(학생)가 와서 주어 I의 상태, 직업 등을 설명해주고 있습니다. I am만으로 완전한 문장이 되는 경우도 있는데 이는 질문에 대한 대답에서만 가능합니다.

질문 : **Are you a student?** 넌 학생이니?   대답 : Yes, **I am** (a student). 네, 맞습니다.

여기서는 Yes, I am.으로 대답할 수 있지만 그 뒤에 (a student)가 생략되어 있음을 알 수 있습니다. 또한 be동사는 '있다'라는 뜻으로도 쓰입니다.

I **am** here. 나는 여기에 있습니다.   She **is** in Jong-ro. 그녀는 종로에 있습니다.

2 be동사의 변화형

be동사는 am, are, is라는 여러가지 분신이 있습니다. be동사는 시제(현재, 과거, 미래 시간의 범주)와 문장의 형태에 따라서 다르게 변신하여 사용되며, be동사 원형 그대로 쓰이기도 합니다.

원형	현재형	과거형	과거분사형
be	am, are, is	was, were	been

문장 속에서 be동사의 다양한 쓰임을 살펴보면,

❶ 진행형에서 'be동사 + 동사ing'의 형태로 '~하는 중이다'

I **am** study**ing**. 나는 공부 중이다.

❷ 수동형에서 'be동사 + 동사의 과거분사형'의 형태로 '~되었다'

My purse **was stolen**. 내 지갑을 도둑맞았다.

❸ 조동사 뒤나 명령형에서는 원형으로 쓰입니다.

I will **be** a teacher. 나는 선생님이 될 거야. / **Be** quiet! 조용히 해.

너무 어렵다고요? be동사는 부르는 곳이 많아서 모양을 바꿔가며 여기저기 참 많이 쓰입니다. 일단 be동사의 형태만 알아 두고 나중에 문장에서 자세하게 익혀보세요.

3 인칭에 따른 be동사의 변화

주어는 가리키는 대상별로 1인칭, 2인칭, 3인칭으로 나눌 수 있는데 인칭(사람을 가리키는 범주)에 따라 쓰이는 be동사의 모양이 달라집니다. 여기서 단수는 '하나 복수는 '여럿 을 가리킵니다. 문장을 활용할 때 반드시 알고 있어야 하므로 꼭 암기해 주세요.

단수	1인칭	I (나)	am	복수	1인칭	We (우리들)	are
	2인칭	You (너, 당신)	are		2인칭	You (당신들)	are
	3인칭	He (그, 그 남자)	is		3인칭	They (그들, 그것들)	are
		She (그녀, 그 여자)					
		It (그것)					

be동사는 주어와 함께 아래와 같이 줄여 쓸 수 있습니다. 실제 회화에서는 축약형을 많이 사용합니다.

I am = I'm   We are = We're   You are = You're
You are = You're   He is = He's   She is = She's
They are = They're   It is = It's

...은 ~이에요[해요]

주어 + be동사(현재형) ~. (현재형 긍정문)

▶ 녹음을 듣고 소리내어 읽어볼까요?

나는 학생입니다.

I am a student.

아이 엠 어 스튜던트.

I am → I'm

당신은 선생님이군요.

You are a teacher.

유 알 어 티처.

You are → You're

그는 제빵사예요.

He is a baker.

히 이즈 어 베이커.

He is → He's

그녀는 요리사예요.

She is a cook.

쉬 이즈 어 쿡.

She is → She's

우리는 뚱뚱해요.

We are fat.

위 알 팻.

fat 뚱뚱한, 살찐 / We are → We're

그들은 키가 커요.

They are tall.

데이 알 톨.

tall 키 큰 / They are → They're

말해볼까요?

A: # Who is that man?
후 이즈 댓 맨?

B: # He is a baker.
히 이즈 어 베이커.

A: # He's very handsome, isn't he?
히즈 베리 핸섬, 이즌ㅌ 히?

B: # Yes, he is. But he is fat.
예스, 히 이즈. 벗 히 이즈 팻.

A: 저 남자는 누구예요?

B: 그는 제빵사예요.

A: 그는 정말 잘생겼어요. 안 그래요?

B: 네, 그래요. 하지만 그는 뚱뚱해요.

학습포인트!

be동사를 사용해서 '현재의 사실'을 나타내는 표현입니다. '주어+be동사+명사'로 나타내며, 명사 자리에는 이름, 직업 등을 넣을 수 있습니다. 또한 명사 자리에 들어가는 단어가 단수인 경우에는 단어 앞에 a를 붙이며, 뒤의 단어가 모음으로 시작할 때는 an을 붙입니다. 그리고 명사가 복수인 경우에는 단어 뒤에 -s 또는 -es를 붙인다는 것도 알아두세요.

Unit 02

...은 ~이 아니에요[하지 않아요]

주어 + be동사(현재형) not ~. (현재형 부정문)

 녹음을 듣고 소리내어 읽어볼까요?

나는 학생이 아니에요.

I am not a student.

아이 엠 낫 어 스튜던트.

am not은 줄여 쓸 수 없다

당신은 선생님이 아니군요.

You are not a teacher.

유 알 낫 어 티처.

are not → aren't

그는 제빵사가 아니에요.

He is not a baker.

히 이즈 낫 어 베이커.

is not → isn't

그녀는 요리사가 아니에요.

She is not a cook.

쉬 이즈 낫 어 쿡.

우리는 뚱뚱하지 않아요.

We are not fat.

위 알 낫 팻.

그들은 키가 크지 않아요.

They are not tall.

데이 알 낫 톨.

말해볼까요?

A: **I am not happy.**
아이 엠 낫 해피.

B: **Why? What happened?**
와이? 웟 해펀드?

A: **No, nothing's going on.**
노우, 낫씽즈 고우잉 온.

B: **You're not alone.**
유어 낫 얼로운.

A: 나는 행복하지 않아요.

B: 왜? 무슨 일 있어요?

A: 아니, 아무 일 없어요.

B: 혼자 고민하지 말고 말해 봐요.

학습포인트!

be동사의 부정문은 be동사 바로 뒤에 not을 붙여주면 됩니다. not은 '~이(가) 아닌'이라는 부정의 뜻을 가지고 있습니다. 그래서 'be동사+not+명사'는 '~이(가) 아니다(I am not a student. 나는 학생이 아닙니다)'라는 뜻이 되고, 'be동사+not+형용사'는 '~하지 않다(I am not happy. 나는 행복하지 않습니다)'라는 뜻으로 상태를 부정하는 표현이 됩니다.

...은 ~이에요[해요]?

be동사(현재형) + 주어 ~? (현재형 의문문)

 녹음을 듣고 소리내어 읽어볼까요?

학생이세요?

Are you a student?

알 유 어 스튜던트?

*be동사의 의문문 만드는 방법은

그녀는 선생님입니까?

Is she a teacher?

이즈 쉬 어 티처?

be동사를 문장 맨 앞으로 보내고

그는 제빵사예요?

Is he a baker?

이즈 히 어 베이커?

문장 끝에 물음표를 붙이기만 하면 끝!

그녀는 요리사예요?

Is she a cook?

이즈 쉬 어 쿡?

*be동사 의문문에 대답은

그는 뚱뚱해요?

Is he fat?

이즈 히 팻?

Yes, No로 하면 되는데

그들은 키가 커요?

Are they tall?

알 데이 톨?

주어를 대명사로 바꾼다는 것!

A: Are you a student?

알 유 어 스튜던트?

B: Yes, I am.

예스, 아이 엠.

A: What grade are you in?

윗 그레이드 알 유 인?

B: I'm a freshman in high school.

아임 어 프레쉬맨 인 하이 스쿨.

A: 학생이세요?

B: 네, 맞아요.

A: 몇 학년이세요?

B: 고1이에요.

학습포인트!

be동사를 사용해서 '현재의 사실'을 묻는 표현입니다. be동사의 의문문은 긍정문에서 주어와 동사의 위치를 바꿔서 만듭니다. 따라서 'be동사+주어+명사'는 우리말의 '~입니까?'의 뜻이 되고, 'be동사+주어+형용사'는 '~합니까?'의 뜻이 됩니다. 의문문은 문장의 끝에 마침표 대신에 물음표(?)를 항상 붙여주세요. 긍정 대답은 'Yes, 주어+be동사'으로, 부정 대답은 'No, 주어+be동사+not'으로 합니다.

27

Unit 04

...은 ~아니에요[안 해요]?

be동사(현재형) + not + 주어 ~? (현재형 부정의문문)

▶ 녹음을 듣고 소리내어 읽어볼까요?

학생이 아니세요?

Aren't you a student?

안츄 어 스튜던트?

aren't = are not

몸이 좋지 않으세요?

Aren't you feeling well?

안츄 필링 웰?

그녀는 선생님이 아니에요?

Isn't she a teacher?

이즌ㅌ 쉬 어 티처?

isn't = is not

테이블 위에 없어요?

Isn't it on the table?

이즌팃 온 더 테이블?

아이가 너무 귀엽지 않니?

Isn't the baby the sweet thing?

이즌ㅌ 더 베이비 더 스윗 씽?

가격이 좀 비싸지 않아요?

Isn't the price a bit high?

이즌ㅌ 더 프라이스 어 빗 하이?

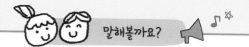
A: **Aren't you hot?**

안츄 핫?

B: **Yes, I am.**

예스, 아이 엠.

A: **Do you want something cool?**

두 유 원트 썸씽 쿨?

B: **What do you have?**

윗 두 유 해브?

A: 덥지 않니?

B: 응, 더워.

A: 시원한 거 줄까?

B: 뭐 있는데?

학습포인트!

be동사의 부정의문문은 be동사의 부정문을 의문문으로 다시 바꾸면 됩니다. 즉, '~이(가) 아니다'의 문장을 '~이(가) 아니야?'로 바꾸는 것입니다. be동사 뒤에 not을 넣어 만든 부정문에서 주어와 동사의 위치만 바꿔주면 부정의문문이 됩니다. 부정의문문이므로 대답할 때는 본동사에 초점을 두어 긍정이면 Yes, ~로, 부정이면 No, ~로 대답합니다.

...은 ~이었어요[했어요]

주어 + be동사(과거형) ~. (과거형 긍정문)

▶ 녹음을 듣고 소리내어 읽어볼까요?

나는 학생이었어요.

I was a student.

아이 워즈 어 스튜던트.

1인칭단수(I)일 때는 was

당신은 선생이었죠.

You were a teacher.

유 워ㄹ 어 티처.

2인칭(you)일 때는 were

그는 제빵사였어요.

He was a baker.

히 워즈 어 베이커.

3인칭 단수(he, she, it)일 때는 was

그녀는 요리사였어요.

She was a cook.

쉬 워즈 어 쿡.

그는 뚱뚱했어요.

He was fat.

히 워즈 팻.

그들은 키가 컸어요.

They were tall.

데이 워ㄹ 톨.

복수(we, you, they)일 때는 were

말해볼까요?

A: **Why didn't you come to the party?**
와이 디든츄 컴 투 더 파티?

B: **Sorry, I was busy.**
쏘리, 아이 워즈 비지.

A: **Then you should have told me!**
덴 유 슈드 햅 톨드 미!

B: **I didn't have time for that.**
아이 디든 ㅌ 햅 타임 풔 댓.

A: 왜 파티에 안 왔니?

B: 미안, 바빴어.

A: 그럼 미리 말했어야지!

B: 그럴 시간이 없었어.

학습포인트!

be동사의 과거형은 was와 were가 있습니다. 이 동사들도 마찬가지로 인칭에 따라 변화합니다. 보충해주는 말이 명사이면 우리말의 '~이었다(I was a student. 나는 학생이었습니다)'로, 보충해주는 말이 형용사(명사를 꾸며주는 말)이면 우리말의 '~했다(I was busy. 나는 바빴습니다)'의 뜻으로 주어의 과거 상태나 성격 등을 나타내게 됩니다.

Unit 06

...은 ~이 아니었어요 [하지 않았어요]

주어 + be동사(과거형) + not ~. (과거형 부정문)

 녹음을 듣고 소리내어 읽어볼까요?

나는 학생이 아니었어요.

I was not a student.

아이 워즈 낫 어 스튜던트.

was not → wasn't

당신은 선생님이 아니었군요.

You were not a teacher.

유 워ㄹ 낫 어 티처.

were not → weren't

그는 제빵사가 아니었어요.

He was not a baker.

히 워즈 낫 어 베이커.

그녀는 요리사가 아니었어요.

She was not a cook.

쉬 워즈 낫 어 쿡.

그는 뚱뚱하지 않았어요.

He was not fat.

히 워즈 낫 팻.

그들은 키가 크지 않았어요.

They were not tall.

데이 워ㄹ 낫 톨.

말해볼까요?

A: He was fat, wasn't he?

히 워즈 팻, 워즌ㅌ 히?

B: No, he was not fat.

노, 히 워즈 낫 팻.

A: Really? That's weird.

리얼리? 댓스 위어드.

B: I'm sure you're mistaken.

아임 슈어 유어 미스테이큰.

A: 그는 뚱뚱했어, 그렇지 않니?

B: 아니야, 그는 뚱뚱하지 않았어.

A: 그래? 이상하네.

B: 네가 착각한 걸 거야.

 학습포인트!

be동사 과거형의 부정문은 be동사 현재형의 부정문과 마찬가지로 be 동사 뒤에 not을 붙여주는 것만으로 간단하게 만들 수 있습니다. 'was/ were not+보충해주는 말(명사/형용사)'의 형태일 경우에는 '~이(가) 아니었다/~(하)지 않았다'로 해석합니다.

He was not fat. (나는 뚱뚱하지 않았습니다.)

I was not a student. (나는 학생이 아니었습니다.)

33

...은 ~이었어요[했어요]?

be동사(과거형) + 주어 ~? (과거형 의문문)

녹음을 듣고 소리내어 읽어볼까요?

당신은 선생님이었어요?

Were you a teacher?

워ㄹ 유 어 티처?

be동사 과거형 의문문도 were, was를 문장 맨 앞에 두면 OK!

그는 제빵사였어요?

Was he a baker?

워즈 히 어 베이커?

그녀는 가수였어요?

Was she a singer?

워즈 쉬 어 싱어?

그녀는 요리사였어요?

Was she a cook?

워즈 쉬 어 쿡?

그는 뚱뚱했어요?

Was he fat?

워즈 히 팻?

그들은 키가 컸어요?

Were they tall?

워ㄹ 데이 톨?

A: Was she a singer?

워즈 쉬 어 싱어?

B: Yes, she was a famous singer.

예스, 쉬 워즈 어 페이머스 싱어.

A: Somehow she sings well.

썸하우 쉬 싱즈 웰.

B: She has a really good voice, doesn't she?

쉬 해즈 어 리얼리 굿 보이스, 더즌ㅌ 쉬?

A: 그녀는 가수였어요?

B: 네, 유명한 가수였어요.

A: 어쩐지 노래를 잘 하더라.

B: 목소리도 정말 좋죠?

학습포인트!

be동사 과거형 의문문은 현재형 의문문과 마찬가지로 be동사를 앞으로 내보내기만 하면 됩니다. 'Was/Were+주어+보충해주는 말(명사/형용사)' 의 형태로 '~였어?/~했어?'로 해석합니다. 의문문이므로 맨 뒤에 물음표 (?)를 붙이는 것을 잊어서는 안 됩니다. 대답할 때 긍정이면 Yes, 부정이면 No로 대답하며, 동사는 인칭에 따라 was, were로 합니다.

Unit 08

...은 ~아니었어요[하지 않았어요]?

be동사(과거형) + not + 주어 ~? (과거형 부정의문문)

▶ 녹음을 듣고 소리내어 읽어볼까요?

당신은 선생님이 아니었어요?

Weren't you a teacher?

원ㅌ 유 어 티처?

Weren't = Were not

그는 제빵사가 아니었나요?

Wasn't he a baker?

워즌ㅌ 히 어 베이커?

Wasn't = was not

그녀는 가수가 아니었어요?

Wasn't she a singer?

워즌ㅌ 쉬 어 싱어?

그녀는 요리사가 아니었어요?

Wasn't she a cook?

워즌ㅌ 쉬 어 쿡?

그는 뚱뚱하지 않았어요?

Wasn't he fat?

워즌ㅌ 히 팻?

그들은 키가 크지 않았어요?

Weren't they tall?

원ㅌ 데이 톨?

A: **Wasn't he there yesterday?**
워즌ㅌ 히 데얼 예스터데이?

B: **No, he wasn't there.**
노우, 히 워즌ㅌ 데얼.

A: **I saw him there clearly.**
아이 쏘우 힘 데얼 클리얼리.

B: **Really? That's weird.**
리얼리? 댓츠 위어드.

A: 걔 어제 거기에 있지 않았니?

B: 아니, 걔 거기 없었어.

A: 내가 거기서 분명히 봤어.

B: 그래? 이상하네.

학습포인트!

be동사의 과거형 부정의문문이라고 하면 왠지 점점 더 어려워지는 느낌이지만, be동사의 의문문의 단 한가지 공식. 'be동사가 맨 앞으로 가면 의문문이 된다'라는 것만 알고 있으면 됩니다. 보충해주는 말이 명사일 경우에는 우리말의 '~이 아니었어?, 형용사일 경우에는 '~하지 않았어?'로 해석합니다.

Unit 09

...은 ~이 될 거예요[할 거예요]

주어 + will be ~. (미래형 긍정문)

▶ 녹음을 듣고 소리내어 읽어볼까요?

나는 훌륭한 학생이 될 거예요.

I will be a good student.

아이 윌 비 어 굿 스튜던트.

*미래를 나타낼 때는 조동사 will을 쓴다

당신은 좋은 선생님이 될 거예요.

You will be a good teacher.

유 윌 비 어 굿 티처.

*조동사 뒤에는 동사 원형을 오므로 will be가 된다

그는 제빵사가 될 거예요.

He will be a baker.

히 윌 비 어 베이커.

*조동사 will에는 강한 의지, 고집, 습관, 습성 등이 들어 있다

그녀는 요리사가 될 거예요.

She will be a cook.

쉬 윌 비 어 쿡.

나는 행복할 거예요.

I'll be happy.

아일 비 해피.

I'll = I will

그녀는 늦을 거예요.

She'll be late.

쉬일 비 레잇.

She will = She'll

38

A: I want to be a teacher.

아이 원투 비 어 티처.

B: Why?

와이?

A: I like children.

아이 라익 칠드런.

B: You will be a good teacher.

유 윌 비 어 굿 티처.

A: 나는 선생님이 되고 싶어.

B: 왜?

A: 난 아이들이 좋아.

B: 넌 좋은 선생님이 될 거야.

학습포인트!

be동사의 미래형에는 '~이 될 것이다(~할 것이다)'라는 미래의 뜻을 가지고 있는 조동사 will을 씁니다. will은 be동사의 앞에 위치하게 되며 조동사의 다음에 오는 동사는 반드시 원래의 형태로 쓰이게 되므로 am, are, is 등의 원래 모습인 be를 쓰게 됩니다. 즉, 조동사 will 뒤에는 단수, 복수, 현재, 과거에 상관 없이 기본형인 be를 사용합니다.

Unit 10

...은 ~이 되지 못할 거예요[하지 않을 거예요]

주어 + will not[won't] be ~. (미래형 부정문)

▶ 녹음을 듣고 소리내어 읽어볼까요?

나는 훌륭한 학생이 되지 못할 거예요.

I will not be a good student.

아이 윌 낫 비 어 굿 스튜던트.

당신은 좋은 선생님이 되지 못할 거예요.

You will not be a good teacher.

유 윌 낫 비 어 굿 티처.

그는 제빵사가 되지 못할 거예요.

He will not be a baker.

히 윌 낫 비 어 베이커.

그녀는 요리사가 되지 못할 거예요.

She will not be a cook.

쉬 윌 낫 비 어 쿡.

오래 걸리지 않을 거예요.

I won't be long.

아이 원ㅌ 비 롱.

will not → won't

그들은 늦지 않을 거예요.

They won't be late.

데이 원ㅌ 비 레잇.

말해볼까요?

A: **In the afternoon, there is a heavy traffic jam.**

인 디 애프터눈, 데얼 이즈 어 해비 트래픽 잼.

B: **They won't be here in time.**

데이 원트 비 히얼 인 타임.

A: **How long do we have to wait?**

하우 롱 두 위 햅 투 웨잇?

B: **Well, it depends.**

웰, 잇 디펜스.

A: 오후에는 교통체증이 심해요.

B: 그들은 제시간에 여기 오지 못하겠군요.

A: 얼마나 기다려야 할까요?

B: 글쎄요, 상황에 따라 다르죠.

학습포인트!

미래형의 부정문 역시 not을 이용해서 만듭니다. 이때 not의 위치는 조동사 will의 바로 뒤에 오게 되는데 이때도 be동사는 원래의 모습 그대로입니다. will not의 줄임말은 won't입니다. will not be 다음에 명사가 오면 '~되지 못할 것이다'의 뜻을 나타내고, 형용사가 오면 우리말의 '~하지 않을 것이다'라는 뜻을 나타냅니다.

...은 ~되겠죠[하겠죠]?

Will + 주어 + be ~? (미래형 의문문)

▶ 녹음을 듣고 소리내어 읽어볼까요?

당신은 선생님이 되겠죠?

Will you be a teacher?

윌 유 비 어 티처?

*조동사 will 다음에는 오는 동사는 주어 인칭의 영향을 받지 않는다

그는 빵 만드는 사람이 될까요?

Will he be a baker?

윌 히 비 어 베이커?

그녀는 가수가 되겠죠?

Will she be a singer?

윌 쉬 비 어 싱어?

그녀는 요리사가 될까요?

Will she be a cook?

윌 쉬 비 어 쿡?

그는 바빠지겠죠?

Will he be busy?

윌 히 비 비지?

그들은 늦겠죠?

Will they be late?

윌 데이 비 레잇?

말해볼까요?

A: **Will you be late?**

월 유 비 레잇?

B: **I expect so.**

아이 익스펙트 쏘우.

A: **How late are you?**

하우 레잇 알 유?

B: **About thirty minutes.**

어바웃 써티 미닛츠.

A: 늦을 거니?

B: 아마 그럴 거야.

A: 얼마나 늦어?

B: 30분 정도.

 학습포인트!

의문문을 만들 때는 주어와 동사의 위치가 바뀐다고 앞에서 배웠죠? 하지만 조동사가 있는 경우에는 조동사가 본동사보다 우선합니다. 일반 문장에서는 의문문을 만들 때 be동사를 맨 앞으로 내놓았지만 미래형 의문문을 만들 때는 미래조동사 will을 맨 앞으로 빼고 be동사는 그대로 둡니다.

Unit 12

...은 ~입니다
This[That/It] + be동사 ~. (지시사 단수)

녹음을 듣고 소리내어 읽어볼까요?

이것은 펜입니다.
This is **a pen.**
디스 이즈 어 펜.

this 이것

이것은 책입니다.
This is **a book.**
디스 이즈 어 북.

저것은 책상입니다.
That is **a desk.**
댓 이즈 어 데스크.

that 저것

그것은 의자입니다.
It is **a chair.**
잇 이즈 어 체어.

it 그것

저것은 사과입니다.
That is **an apple.**
댓 이즈 언 애플.

그것은 배입니다.
It is **a pear.**
잇 이즈 어 페어.

A: **What's that?**

윗츠 댓?

B: **It's a peach.**

잇츠 어 피치

A: **That looks delicious.**

댓 룩스 딜리셔스.

B: **Have one.**

햅 원.

A: 그게 뭐예요?

B: 복숭아예요.

A: 맛있어 보이네요.

B: 하나 드세요.

학습포인트!

this, that, it은 지시사입니다. 지시사는 어떤 특정한 명사를 가리키기 위해 사용되는 한정사이고, 한정사는 말하고자 하는 범위를 구체적으로 한정해 주는 형용사 역할을 합니다. 한정사에는 ① 관사(a(n), the), ② 지시사(this, that, it, these, those, its), ③ 소유격(my, your, his, her, our, its, their) ④수량 표현(many, much) ⑤ 기타(all, some) 등이 있습니다.

...은 ~입니다

These[Those] + be동사 ~. (지시사 복수)

▶ 녹음을 듣고 소리내어 읽어볼까요?

이것들은 펜입니다.

These are pens.

디즈 알 펜스.

this 이것 → these 이것들

이것들은 책입니다.

These are books.

디즈 알 북스.

이것들은 책상입니다.

These are desks.

디즈 알 데스크스.

저것들은 의자입니다.

Those are chairs.

도즈 알 체어즈.

that 저것 → those 저것들

저것들은 사과입니다.

Those are apples.

도즈 알 애플즈.

저것들은 배입니다.

Those are pears.

도즈 알 페어즈.

말해볼까요?

A: What are those?

윗 알 도우즈?

B: Those are apples.

도우즈 알 애플즈.

A: May I have one?

메이 아이 햅 원?

B: Sure!

슈어!

A: 저것들은 뭐예요?

B: 저것들은 사과예요.

A: 하나 먹어도 될까요?

B: 그럼요.

학습포인트!

지시사 단수형에는 this, that, it 등이 있고, 지시사 복수형에는 these, those 등이 있습니다. this/these는 this shop(이 가게), these days(요즘)처럼 가까운 것, 즉 현재 상황(시간, 장소)을 말할 때 쓰고, that/those 는 that shop(저 가게), in those days(그 당시에)처럼 먼 것, 즉 과거 상황(시간, 장소)을 말할 때 씁니다.

Unit 14

...은 ...의 ~입니다

주어 + be동사 + 소유격 ~.

▶ 녹음을 듣고 소리내어 읽어볼까요?

이것은 내 펜입니다.

This is my pen.

디스 이즈 마이 펜.

*I 나는 / my 나의 / me 나를 / mine 나의 것

저것은 당신의 펜입니다.

That is your pen.

댓 이즈 유얼 펜.

*you 당신은 / your 당신의 / you 당신을 / yours 당신의 것

그것은 그의 책상입니다.

It is his desk.

잇 이즈 히즈 데스크.

*he 그는 / his 그의 / him 그를 / his 그의 것

그것은 그녀의 의자입니다.

It is her chair.

잇 이즈 헐 체어.

*she 그녀는 / her 그녀의 / her 그녀를 / hers 그녀의 것

이것들은 우리의 사과입니다.

These are our apples.

디즈 알 아워 애플즈.

*we 우리는 / our 우리의 / us 우리를 / ours 우리의 것

저것들은 그들의 배입니다.

Those are their pears.

도즈 알 데얼 페어즈.

*복수 they 그들은 / their 그들의 / them 그들을 / theirs 그들의 것

말해볼까요?

A: Whose bike is this?
후즈 바이크 이즈 디스?

B: It's my bike.
잇츠 마이 바이크.

A: When did you buy it?
웬 디쥬 바이 잇?

B: Yesterday!
예스터데이!

A: 이 자전거 누구 거야?

B: 내 자전거야.

A: 언제 샀어?

B: 어제!

학습포인트!

소유격은 '~의'라는 뜻으로 주어가 누구의 것인지 소유권을 나타내는 표현입니다. 소유격의 종류는 my(나의), your(너의), his(그의), her(그녀의), our(우리의), its(그것의), their(그들의) 등이 있습니다. 명사의 소유격을 만들 때는 일반적으로 명사에 's를 붙여서 만듭니다. Tom's eyes(톰의 눈), the dog's tail(개의 꼬리), my sister's room(내 여동생의 방)

...은 (어디에) 있어요

주어 + be동사 + 장소를 나타내는 어구

 녹음을 듣고 소리내어 읽어볼까요?

나 여기 있어요.

I am here.

아이 엠 히얼.

*be동사 뒤에 장소를 나타내는 어구가 오면 존재를 나타낸다

당신은 거기에 있군요.

You are there.

유 알 데얼.

here 여기, 이쪽 → there 거기, 저기, 저쪽

그는 자기 사무실에 있어요.

He is in his office.

히 이즈 인 히즈 오피스.

office 사무실

그들은 집에 있어요.

They are at home.

데이 알 앳 홈.

home 집, 가정

그녀는 자기 방에 있어요.

She is in her room.

쉬 이즈 인 헐 룸.

room 방

그것은 저쪽에 있어요.

It is over there.

잇 이즈 오우버 데얼.

말해볼까요? ♪✻

A: Daddy, where are you?

대디, 웨얼 알 유?

B: I am in the living room now.

아이 엠 인 더 리빙 룸 나우.

A: What are you doing there?

윗 알 유 두잉 데얼?

B: I'm watching TV.

아임 워칭 티비.

A: 아빠, 어디 계세요?

B: 나 지금 거실에 있어.

A: 거기서 뭐 하세요?

B: TV 보고 있어.

학습포인트!

장소를 나타내는 전치사에는 at, on, in이 있습니다. at은 비교적 좁은 장소, 한정된 장소, 명확한 장소에 사용하고, on은 a house on the Han River(한강 근처에 있는 집)처럼 어떤 장소와 가까운 곳을 나타낼 때 사용합니다. in은 in Seoul(서울에)처럼 비교적 넓은 지역이나 공간, 도시나 도시보다 큰 장소, 또는 어느 장소 안에 들어가 있을 때 사용합니다.

~이[가] 있어요

There + be동사 ~.

 녹음을 듣고 소리내어 읽어볼까요?

책이 한 권 있어요.

There is a book.

데얼 이즈 어 북.

*There is + 단수명사 ~이(가) 있다

사과가 한 개 있어요.

There is an apple.

데얼 이즈 언 애플.

*There is는 There's로 줄여 쓸 수 있다

펜이 하나 있어요.

There is a pen.

데얼 이즈 어 펜.

*Is／Are there ~? ~이(가) 있습니까?

책상이 하나 있어요.

There is a desk.

데얼 이즈 어 데스크.

의자가 몇 개 있어요.

There are several chairs.

데얼 알 세브럴 체어즈.

*There are + 복수명사 ~이(가) 있다

사과가 조금 있어요.

There are some apples.

데얼 알 썸 애플즈.

*There are는 There're로 줄여 쓸 수 있다

A: **Look! There are some apples in the basket.**

룩! 데얼 알 썸 애플즈 인 더 배스킷.

B: **They look so delicious.**

데이 룩 쏘우 딜리셔스.

A: **Do you want to eat?**

두 유 원투 잇?

B: **Yes. I want to eat!**

예스. 아이 원투 잇!

A: 봐! 바구니 안에 사과가 몇 개 들어 있어.

B: 정말 맛있겠다.

A: 먹고 싶어?

B: 응. 먹고 싶어!

학습포인트!

There+be동사는 '~이(가) 있다'라는 뜻을 갖는데 there는 따로 해석하지 않습니다. be동사는 뒤에 오는 명사의 수와 시제에 따라 is, are, was, were를 사용합니다. 명사에는 a book, some apples처럼 관사가 꼭 붙는다는 거 아시죠? 그럼 셀 수 없는 명사인 경우에는 어떻게 해야 할까요? 그냥 단수로 취급해서 is를 씁니다. There is water. (물이 있다.)

다시 시작하는
영어 첫걸음

P A R T 02

일반동사

현재형
과거형
미래형

기초 영문법 따라잡기

1 일반동사가 뭐야?

일반동사는 Be동사(am, are, is)와 조동사(will, must, should …)를 제외한 have(가지다), like(좋아하다), study(공부하다) 등과 같은 모든 동사를 말합니다. **영어는 동사 중심의 언어**라고 할 수 있습니다. 단어 혼자서도 의미를 전달할 수 있고, 문장에 대한 가장 많은 정보를 전달하는 것도 동사이기 때문입니다. 동사의 모양만 보면 주어가 몇 인칭인지, 시제가 현재 과거 미래인지, 능동 수동인지 등에 대해 알 수 있습니다.

2 인칭에 따른 동사의 사용 규칙

일반동사도 be동사와 마찬가지로 인칭에 따라 변화를 하지만, 다행이도 3인칭 단수에서만 변화를 합니다. 3인칭 단수는 she, he, it과 같은 주어들입니다. 이런 주어가 앞에 오면 동사에 -s나 -es를 붙여줘야 합니다.

예) walk 걷다, 걸어간다 - walks

1인칭	I		
	We	walk	to school everyday.
2인칭	You		
3인칭(복수)	They		
3인칭(단수)	He, She, Annie	walks	

❶ 동사의 끝 음절이 -s, -x, -sh, -ch, -o로 끝나는 동사는 끝나게 되면 -es를 붙이게 됩니다. 발음을 쉽게 하기 위해서입니다.

go - goes   relax - relaxes   pass - passes

❷ 동사의 끝 음절이 y로 끝나게 되면 y를 i로 고치고 그 뒤에 -es를 붙입니다.

study - studies   carry - carries   try - trNies

❸ 예외로 have(가지다)라는 동사는 3인칭 단수에서 haves가 아니라 has로 변합니다.

3 일반동사의 변화형

일반동사도 앞의 be동사와 마찬가지로 과거, 과거분사형이 있습니다. 일반동사는 동사의 원형에 -(e)d를 붙여 과거, 과거분사형을 만드는 규칙동사와, 불규칙한 형태로 과거, 과거분사형이 되는 불규칙동사로 나눌 수 있습니다.

❶ 동사의 끝 음절이 -e로 끝나는 동사는 -d를 붙입니다.
   like - liked - liked

❷ 동사의 끝 음절이 y로 끝나게 되면 y를 i로 고치고 그 뒤에 -ed를 붙입니다.
   study - studied - studied

❸ 동사의 끝 음절이 '짧게 발음하는 모음과 자음'으로 끝나는 단음절 동사는 마지막 자음을 하나 더 써주고 -ed를 붙입니다.
   stop - stopped - stopped

❹ 그 밖의 규칙동사는 모두 어미에 -ed를 붙여 과거와 과거분사형을 만듭니다. 불규칙 동사는 변화 유형별로 나누기도 하지만, 사전을 보고 틈틈이 소리를 내어보면서 외워두는 것이 좋습니다.
   put - put - put   come - came - come   begin - began - begun

일반동사의 현재형이나 과거형, 분사형을 만드는 데는 위의 기본적인 규칙 외에도 약간의 예외들이 있습니다. 그러므로 이런 단어의 규칙은 따로 정리하고 연습을 통해 알아두시기 바랍니다.

4 do와 does

일반동사는 be동사와 달리 부정문이나 의문문을 만들 때 do동사를 사용합니다. 인칭에 따라서 do나 does를 구분해서 문장을 만듭니다. 이때, do/does로 인칭을 구별할 수 있기 때문에 동사 뒤에는 -s나 -es를 붙일 필요가 없습니다.

1인칭	I		
	We	do not / don't	walk to school everyday.
2인칭	You		
3인칭(복수)	They		
3인칭(단수)	He, She, Annie	does not / doesn't	

Unit 01

...은 ~해요

주어 + 동사원형 (현재형 긍정문)

▶ 녹음을 듣고 소리내어 읽어볼까요?

나는 빨리 달려요.

I run fast.

아이 런 패스트.

run 달리다 / fast 빨리

나는 축구를 해요.

I play soccer.

아이 플레이 싸커.

play (운동, 연주) 하다 / soccer 축구

나는 고양이를 키워요.

I have a cat.

아이 햅 어 캣.

have 갖다 / cat 고양이

나는 음악을 좋아해요.

I like music.

아이 라익 뮤직.

like 좋아하다 / music 음악

우리는 숙제를 해요.

We do our homework.

위 두 아워 홈웍.

do 하다 / homework 숙제

그들은 열심히 일해요.

They work hard.

데이 웍 하드.

work 일하다 / hard 열심히

A: **They study hard.**

데이 스터디 하드.

B: **I know that too.**

아이 노우 댓 투.

A: **You have to study hard, too.**

유 햅 투 스터디 하드, 투.

B: **From now on, I will.**

프럼 나우 온, 아이 윌.

A: 그들은 열심히 공부해.

B: 그건 나도 알아.

A: 너도 열심히 공부해야 해.

B: 앞으로는 그럴 거야.

학습포인트!

주어+동사원형으로 표현되는 단순 현재형은 습관, 일반적인 사실이나 진리, 반복적으로 일어나는 일이나 변하지 않는 상황, 감정이나 희망을 표현할 때, 지침이나 방향 등을 설명할 때, 현재나 미래의 정해진 약속을 표현할 때 사용합니다. 즉, 단순 현재형은 절대로 지금 일어나고 있는 사건이나 행위를 표현하기 위해 사용하지 않는다는 것을 기억하세요.

Unit 02

...은 ~해요

주어 + 동사s (3인칭단수 현재형)

 녹음을 듣고 소리내어 읽어볼까요?

그녀는 여기서 일해요.

She works here.

쉬 웍스 히얼.

 *주어가 3인칭 단수일 때에는 동사에 -s를 붙여준다

그는 농구를 좋아해요.

He likes basketball.

히 라익스 배스킷볼.

 basketball 농구

그녀는 매일 텔레비전을 봐요.

She watches TV every day.

쉬 워치즈 티비 애브리 데이.

 watch 보다

그녀는 가방 안에 카메라를 가지고 있어요.

She has a camera in her bag.

쉬 해즈 어 캐머러 인 헐 백.

 have의 3인칭 단수는 has이다

수잔은 피아노를 쳐요.

Susan plays the piano.

수잔 플레이즈 더 피애노우.

톰은 말이 너무 많아요.

Tom talks too much.

탐 톡스 투 머치.

 talk 말하다

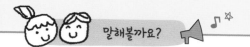 말해볼까요?

A: **Tom works here.**

탐 웍스 히얼.

B: **How long has he worked here?**

하우 롱 해즈 히 웍트 히얼?

A: **About 10 years.**

어바웃 텐 이어즈.

B: **Wow, he's sincere.**

와우, 히즈 신시어.

A: 톰은 여기서 일해요.

B: 여기서 얼마나 일했어요?

A: 10년쯤요.

B: 와, 성실하네요.

학습포인트!

3인칭 단수 현재형에서 3인칭단수 동사는 항상 –s로 끝납니다. he wants(그는 원한다), she thinks(그녀는 생각한다) 이런 식으로 일반동사 뒤에 무조건 s를 붙여준다고 생각하면 아주 간단합니다. 물론 예외가 있지만 그것도 규칙만 알면 크게 어려울 건 없습니다. 일단 -ss, -x, -sh, -ch로 끝나는 동사에는 –es를 붙인다는 것 정도만 알아두면 됩니다.

...은 ~하지 않아요

주어 + don't + 동사원형 ~. (현재형 부정문)

▶ 녹음을 듣고 소리내어 읽어볼까요?

난 여기서 일하지 않아요.

I don't work here.

아이 돈ㅌ 웍 히얼.

*일반동사의 부정형은 동사 앞에 don't를 붙여준다

당신은 날 몰라요.

You don't know me.

유 돈ㅌ 노우 미.

don't는 do not의 축약형

그는 당신 이름을 몰라요.

He doesn't know your name.

히 더즌ㅌ 노우 유얼 네임.

*주어가 3인칭단수일 때 부정문은 동사 앞에 doesn't를 붙여준다

그녀는 백화점에 일하지 않아요.

She doesn't work at a department store.

쉬 더즌ㅌ 웍 앳 어 디파트먼ㅌ 스토어.

그는 말이 너무 많지는 않아요.

He doesn't talk too much.

히 더즌ㅌ 톡 투 머치.

doesn't는 does not의 축약형

그녀는 우리를 위해 요리하지 않아요.

She doesn't cook for us.

쉬 더즌ㅌ 쿡 풔 어스.

말해볼까요?

A: **Call him.**

콜 힘.

B: **I don't know his number.**

아이 돈트 노우 히즈 넘버.

A: **Aren't you close to him?**

안츄 클로우즈 투 힘?

B: **Why do you think so?**

와이 두 유 씽크 쏘우?

A: 그에게 전화해.

B: 그의 전화번호를 몰라요.

A: 걔랑 친하지 않아?

B: 왜 그렇게 생각하세요?

학습포인트!

동사의 현재형 부정문에는 don't+동사원형을 사용하는 것이 원칙입니다. I like basketball. → I don't like basketball.(나는 농구를 좋아하지 않아) 단, 3인칭일 경우에는 don't 대신 doesn't를 사용합니다. 일반동사와 조동사가 함께 쓰일 경우에는 늘 조동사가 우선하기 때문에 일반동사 대신 조동사로 바꿔줍니다. He likes basketball. → He doesn't like basketball.

Unit 04

...은 ~해요?

Do + 주어 + 일반동사 ~? (현재형 의문문)

 녹음을 듣고 소리내어 읽어볼까요?

점심 먹을 시간 있어요?

Do you have time for lunch?

두 유 햅 타임 풔 런치?

*일반동사 의문문은 do를 문장 맨 앞에 두고, 문장 끝에 ?를 붙인다

그거 아세요?

Do you know it?

두 유 노우 잇?

그가 당신 이름을 알아요?

Does he know your name?

더즈 히 노우 유얼 네임?

*주어가 3인칭단수일 때는 does를 문장 앞에 둔다

그녀가 당신을 위해서 요리해 주나요?

Does she cook for you?

더즈 쉬 쿡 풔 유?

그녀는 백화점에 일하나요?

Does she work at a department store?

더즈 쉬 웍 앳 어 디파트먼트 스토어?

당신은 비누로 손을 씻나요?

Do you wash your hands with soap?

두 유 워시 유얼 핸즈 윗 소웁?

wash 씻다 / soap 비누

64

A: Does he work here?
더즈 히 웍 히얼?

B: No, he doesn't.
노, 히 더즌ㅌ.

A: When did he retire?
웬 디드 히 리타이어?

B: A week ago.
어 윅 어고우.

A: 그는 여기서 일해요?

B: 아뇨, 안 해요.

A: 언제 퇴직했어요?

B: 일주일 전에요.

학습포인트!

일반동사를 사용하고 있는 현재형 문장을 현재형 의문문으로 바꾸는 것은 아주 간단합니다. do 또는 does를 앞으로 내보내고 마침표를 물음표로 바꿔주기만 하면 됩니다. 단, 3인칭일 경우에는 do 대신 does를 사용합니다. 현재형 부정문에서 배운 것처럼 일반동사 대신 조동사를 바꿔줍니다.
He likes basketball. → Does he like basketball?(그는 농구를 좋아해?)

...은 ~하지 않아요?

Don't + 주어 + 일반동사 ~? (현재형 부정의문문)

 녹음을 듣고 소리내어 읽어볼까요?

그거 모르세요?

Don't you know it?

돈츄 노우 잇?

*일반동사의 현재형 부정의문문은 Don't를 문장 맨 앞에 둔다

당신은 그를 위해서 일하지 않나요?

Don't you work for him?

돈츄 웍 풔 힘?

Don't + 주어 + 동사원형 ~? = Do + 주어 + not +동사원형 ~?

피자 안 좋아하세요?

Don't you like pizza?

돈츄 라익 핏자?

고기 안 드세요?

Don't you eat meat?

돈츄 잇 밋?

eat 먹다 / meat 고기

그는 야채를 안 먹어요?

Doesn't he eat vegetables?

더즌ㅌ 히 잇 베지터블즈?

*주어가 3인칭단수일 때는 Doesn't를 문장 앞에 둔다

그녀가 당신을 위해서 요리해 주지 않아요?

Doesn't she cook for you?

더즌ㅌ 쉬 쿡 풔 유?

cook 요리하다

말해볼까요?

A: **Don't you like pizza?**
돈츄 라익 핏자?

B: **Yes, I like it.**
예스, 아이 라익 잇.

A: **Why aren't you eating?**
와이 안츄 이팅?

B: **I'm full now.**
아임 풀 나우.

A: 피자 안 좋아하니?

B: 아니, 좋아해.

A: 근데 왜 안 먹어?

B: 지금 배불러.

 학습포인트!

일반동사를 사용하는 현재형 문장을 부정의문문으로 만들 때는 일단 현재형 부정문으로 만든 다음에 don't 또는 doesn't를 앞으로 내보내고 마침표를 물음표로 바꿔주면 됩니다. 이때도 역시 3인칭일 경우에는 don't 대신 doesn't를 사용한다는 것 잊지 마세요. He likes basketball. → He doesn't like basketball. → Doesn't he like basketball?

Unit 06

...은 ~했어요

주어 + 일반동사(과거형) ~. (과거형 긍정문)

▶ 녹음을 듣고 소리내어 읽어볼까요?

나는 빨리 달렸어요.

I ran **fast.**

아이 랜 패스트.

run(달리다)의 과거형은 ran이다

난 여기서 일했어요.

I worked **here.**

아이 웍트 히얼.

*일반동사의 과거형은 -ed를 붙인다

그녀는 백화점에서 일했어요.

She worked **at a department store.**

쉬 웍트 앳 어 디파트먼ㅌ 스토어.

*-e로 끝나는 동사는 -d만 붙인다 / liked

그는 말이 너무 많았어요.

He talked **too much.**

히 톡트 투 머치.

*자음+y로 끝나는 동사는 y를 i로 바꾸고 -ed를 붙인다 / studied

그녀는 우리를 위해서 저녁밥을 했어요.

She cooked **dinner for us.**

쉬 쿡트 디너 풔 어스.

*모음+y로 끝나는 동사는 -ed를 붙인다 / enjoyed

우리는 비누로 손을 씻었어요.

We washed **our hands with soap.**

위 워쉬드 아워 핸즈 윗 소웁.

말해볼까요?

A: **What did you think of his work?**

윗 디쥬 씽크 옵 히즈 웍?

B: **I thought he worked hard.**

아이 쏘웃 히 웍트 하드.

A: **Then why did you fire him?**

덴 와이 디쥬 파이어 힘?

B: **He lied.**

히 라이드.

A: 그 사람 일하는 게 어땠어요?

B: 나는 그가 열심히 일한다고 생각했어요.

A: 그런데 왜 해고했어요?

B: 그는 거짓말을 했어요.

 학습포인트!

과거형 긍정문은 지금 이전에 일어났던 사건이나 행위에 대해서 '주어가 ~ 했어/~였어'라고 말할 때 사용합니다. 가깝건 멀건 기간은 전혀 중요하지 않고, 일반동사를 과거형으로 바꿔주면 됩니다. 일반동사의 과거형은 일반 적으로 주어에 관계없이 동사원형에 -ed를 붙이면 되는데, 물론 예외도 있 지만 be동사처럼 몇 가지 규칙만 알면 쉽게 익힐 수 있으니 걱정 마세요.

Unit 07

...은 ~하지 않았어요

주어 + didn't + 동사원형 ~. (과거형 부정문)

 녹음을 듣고 소리내어 읽어볼까요?

난 여기서 일하지 않았어요.

I didn't work here.

아이 디든ㅌ 웍 히얼.

don't, doesn't의 과거형은 didn't

당신은 날 몰랐어요.

You didn't know me.

유 디든ㅌ 노우 미.

didn't는 did not의 축약형

그는 당신 이름을 몰랐어요.

He didn't know your name.

히 디든ㅌ 노우 유얼 네임.

그는 당신을 위해서 일하지 않았어요.

He didn't work for you.

히 디든ㅌ 웍 풔 유.

그녀는 우리를 위해 요리하지 않았어요.

She didn't cook for us.

쉬 디든ㅌ 쿡 풔 어스.

우리는 비누로 손을 씻지 않았어요.

We didn't wash our hands with soap.

위 디든ㅌ 워쉬 아워 핸즈 윗 소웁.

말해볼까요?

A: # Why didn't you tell me that?

와이 디든ㅌ 유 텔 미 댓?

B: # I didn't even know it then.

아이 디든ㅌ 이븐 노우 잇 덴.

A: # What should we do now?

윗 슈드 위 두 나우?

B: # Let's wait.

렛츠 웨잇.

A: 왜 나한테 그걸 말하지 않았니?

B: 그땐 나도 진짜 몰랐어.

A: 우리 이제 어떡하지?

B: 좀 기다려보자.

학습포인트!

과거형 부정문은 '주어가 ~하지 않았어/~이지 않았어'라고 말할 때 쓰는 표현입니다. 과거형 긍정문을 과거형 부정문으로 바꿀 때는 일반동사 앞에 didn't를 써주고 일반동사는 동사원형으로 바꿔줘야 합니다. 현재형 부정문에서처럼 주어에 따라 don't와 doesn't를 구별할 필요는 없지만 일반동사 과거형을 동사원형으로 바꾸는 것을 놓치면 안 됩니다.

Unit 08

...은 ~했어요?

Did + 주어 + 동사원형 ~? (과거형 의문문)

▶ 녹음을 듣고 소리내어 읽어볼까요?

점심 먹을 시간이 있었어요?

Did you have time for lunch?

디쥬 햅 타임 풔 런치?

d?id눈 do, does의 과거형

그거 알았어요?

Did you know it?

디쥬 노우 잇?

*did를 문장 앞에 두면 일반동사의 과거형 의문문이 된다

그가 당신 이름을 알았어요?

Did he know your name?

딧 히 노우 유얼 네임?

그녀가 당신을 위해서 요리했어요?

Did she cook for you?

딧 쉬 쿡 풔 유?

그는 여기서 일했어요?

Did he work here?

딧 히 웍 히얼?

비누로 손을 씻었어요?

Did you wash your hands with soap?

디쥬 워시 유얼 핸즈 윗 소웁?

A: **Did you work here?**
디쥬 웍 히얼?

B: **Yes, I did.**
예스, 아이 딧.

A: **Did you like this company?**
디쥬 라익 디스 컴퍼니?

B: **Of course.**
옵 코스.

A: 여기서 일했어요?

B: 네. 그렇습니다.

A: 이 회사를 좋아했나요?

B: 물론이죠.

학습포인트!

일반동사를 사용하는 과거형 의문문 형태는 언제나 조동사 did를 사용합니다. 조동사 did를 앞으로 내보내고 일반동사는 다시 동사원형으로 바꿔줘야 합니다. 과거형 의문문은 '주어가 ~했어?/~였어?'라고 지난 일에 대해 묻거나 확인할 때 쓰는 표현입니다.

Did he like basketball? (그가 농구를 좋아했어?)

Unit 09

...은 ~하지 않았어요?
Didn't + 주어 + 동사원형 ~? (과거형 부정의문문)

▶ 녹음을 듣고 소리내어 읽어볼까요?

점심 먹을 시간이 없었어요?

Didn't you have time for lunch?
디든ㅌ 유 햅 타임 풔 런치?

Didn't + 주어 + 동사원형 ~? = Did + 주어 + not +동사원형 ~?

그거 알지 못했어요?

Didn't you know it?
디든ㅌ 유 노우 잇?

= Did you not know it?

그가 당신 이름을 알지 못했어요?

Didn't he know your name?
디든ㅌ 히 노우 유얼 네임?

name 이름

그녀가 당신을 위해서 요리하지 않았어요?

Didn't she cook for you?
디든ㅌ 쉬 쿡 풔 유?

그는 여기서 일하지 않았어요?

Didn't he work here?
디든ㅌ 히 웍 히얼?

비누로 손을 씻지 않았어요?

Didn't you wash your hands with soap?
디든ㅌ 유 워쉬 유얼 핸즈 윗 소웁?

말해볼까요?

A: He's married.

히즈 메리드.

B: Didn't you know that?

디든트 유 노우 댓?

A: I thought he was a bachelor.

아이 쏘웃 히 워즈 어 배철러.

B: Ha! What are the odds!

하! 웟 알 디 아즈!

A: 그가 기혼자래.

B: 몰랐어?

A: 난 그가 총각인 줄 알았어.

B: 하! 웬일이니!

 학습포인트!

과거형 부정의문문은 '(전에) ~하지 않았어?'라고 지난 일에 대해 묻거나 확인할 때 쓰는 표현으로 단순의문문보다 확인하는 의미가 약간 강한 느낌입니다. 일반동사를 동사원형으로 바꿔줄 때 대개는 –ed를 빼면 되지만, go→went처럼 불규칙적으로 변하는 동사들의 경우에는 외워야 합니다. 하지만 하나씩 그때그때 외우면 되니까 걱정 마세요.

75

Unit 10

...은 ~할 거예요

주어 + will + 동사원형~. (미래형 긍정문)

▶ 녹음을 듣고 소리내어 읽어볼까요?

난 여기서 일할 거예요.

I will work here.

아이 윌 웍 히얼.

*일반동사의 미래형도 조동사 will로 나타낸다

나는 시험을 통과할 거예요.

I will pass the exam.

아이 윌 패스 디 이그잼.

*미래를 나타내는 will은 조동사이므로 뒤에 동사원형이 온다

당신은 성공할 거예요.

You will succeed.

유 윌 썩시드.

succeed 성공하다

그는 올 거예요.

He will come.

히 윌 컴.

그녀는 우리를 위해서 저녁밥을 할 거예요.

She will cook dinner for us.

쉬 윌 쿡 디너 풔 어스.

우리는 손을 씻을 거예요.

We will wash our hands.

위 윌 워시 아워 핸즈.

76

말해볼까요?

A: **I'm thirsty.**

아임 써스티.

B: **I'll get you some water.**

아일 겟 유 썸 워러.

A: **Thank you.**

땡큐.

B: **You're welcome.**

유어 웰컴.

A: 목말라.

B: 내가 물 갖다 줄게.

A: 고마워.

B: 천만에.

 학습포인트!

미래형 긍정문은 '~ 할 것이다(~일 것이다)'라는 의미를 갖고 있습니다. 가장 많이 사용하는 표현은 will과 be going to인데, 우리말로 해석하면 똑같아 보이지만 실제 영어 사용에서는 뉘앙스 차이가 있습니다. will은 즉흥적인 느낌이 강하고 말하는 사람의 의지를 나타내는데 반해, be going to는 미리 계획되고 예정되어 있었다는 느낌이 강합니다.

Unit 11

...은 ~할 거예요

주어 + be going to + 동사원형 ~. (미래형 긍정문)

▶ 녹음을 듣고 소리내어 읽어볼까요?

난 여기서 일할 거예요.

I'm going to work here.

아임 고우잉 투 웍 히얼.

*will 대신에 be going to로 미래를 나타내기도 한다

난 숙제를 할 거예요.

I'm going to do my homework.

아임 고우잉 투 두 마이 홈웍.

나는 저녁 준비를 할 거예요.

I am going to cook dinner.

아이 엠 고우잉 투 쿡 디너.

dinner 저녁

난 당신을 방문할 거예요.

I'm going to visit you.

아임 고우잉 투 비짓 유.

visit 방문하다

비가 올 거예요.

It's going to rain.

잇츠 고우잉 투 레인.

우리는 파티를 열 거예요.

We're going to have a party.

위어 고우잉 투 햅 어 파티.

말해볼까요?

A: What are you doing this weekend?

윗 알 유 두잉 디스 위켄드?

B: I'm going to see a movie.

아임 고우잉 투 씨 어 무비.

A: With whom?

윗 훔?

B: With you.

윗 유.

A: 이번 주말에 뭐 할 거니?

B: 영화 보러 갈 거야.

A: 누구랑?

B: 너랑.

 학습포인트!

be going to를 사용한 미래 표현은 시간적으로 가깝든 멀든 현재의 무엇과 연결되어 있다는 것을 암시합니다. 주로 계획과 의도를 나타내거나 현재 갖고 있는 증거나 정보에 근거하여 예측한 내용을 표현하기 위해 사용합니다.

I am going to stay. (나는 여기 있을 거야.) - 계획

He is going to jog. (그는 조깅하러 갈 거야.) - 예측

Unit 12

...은 ~하지 않을 거예요

주어 + won't + 동사원형 ~. (미래형 부정문)

▶ 녹음을 듣고 소리내어 읽어볼까요?

나는 차를 팔지 않을 거예요.

I won't sell my car.

아이 원ㅌ 셀 마이 카.

*미래 시제 부정문은 will not로 표현한다

나는 그것을 사지 않을 거예요.

I won't buy it.

아이 원ㅌ 바이 잇.

will not의 축약형은 won't

그는 여기서 일하지 않을 거예요.

He won't work here.

히 원ㅌ 웍 히얼.

그녀는 저녁 준비를 하지 않을 거예요.

She won't cook dinner.

쉬 원ㅌ 쿡 디너.

그들은 여기 오래 있지 않을 거예요.

They won't be here for long.

데이 원ㅌ 비 히얼 풔 롱.

그는 오지 않을 거예요.

He won't come.

히 원ㅌ 컴.

말해볼까요?

A: # When she'll be back?
웬 쉬일 비 백?

B: # She won't be back today.
쉬 원ㅌ 비 백 투데이.

A: # Where did she go?
웨얼 딧 쉬 고우?

B: # She went on a trip.
쉬 웬ㅌ 온 어 트립.

A: 그녀는 언제 돌아올까?

B: 오늘은 안 돌아올 거야.

A: 어디 갔는데?

B: 여행 갔어.

 학습포인트!

조동사가 있는 문장을 부정문으로 만들 때는 조동사 뒤에 부정어 not만 붙이면 됩니다. 주로 will not을 줄여서 won't로 씁니다. 부정어 not의 위치는
① be동사 : be동사 뒤에 위치 (He is not angry.)
② 일반동사 : do/does/did 뒤에 위치 (He didn't have dinner.)
③ will : will 뒤에 위치 (He will not sell his house.)

...은 ~할 거예요[할까요]?
Will + 주어 + 동사원형 ~? (미래형 의문문)

▶ 녹음을 듣고 소리내어 읽어볼까요?

차를 파실 거예요?

Will you sell your car?

윌 유 셀 유얼 카?

*미래형의 의문문은 조동사 will을 문장 맨 앞에 둔다

그걸 살 거예요?

Will you buy it?

윌 유 바이 잇?

그는 여기서 일할까요?

Will he work here?

윌 히 워 히얼?

그녀는 저녁 준비를 할까요?

Will she cook dinner?

윌 쉬 쿡 디너?

그들은 여기 오래 있을까요?

Will they be here for long?

윌 데이 비 히얼 풔 롱?

그는 올까요?

Will he come?

윌 히 컴?

A: Will you buy that book?

월 유 바이 댓 북?

B: Yes, I will.

예스, 아이 윌.

A: I don't think that book would be fun.

아이 돈ㅌ 씽크 댓 북 우드 비 펀.

B: But it's good.

벗 잇츠 굿.

A: 그 책 살 거니?

B: 응. 살 거야.

A: 재미없을 것 같아.

B: 하지만 유익하지.

학습포인트!

조동사가 있는 문장을 의문문으로 만들 때는 조동사를 주어 앞으로 보내서 의문문을 만드는 것이 원칙입니다. 미래형 문장에도 조동사 will이 있으니 will을 주어 앞으로 내보내면 됩니다.

He will buy a new car. (그는 새 차를 살 거야.)

→ Will he buy a new car? (그는 새 차를 살까?)

다시 시작하는
영어 첫걸음

PART 03

동사의 진행형

현재형
과거형
미래형

기초 영문법 따라잡기

1 진행형이 뭐야?

진행형은 어느 시점에서 어느 동작이 계속 진행 중인 것을 말합니다. 예를 들어 엄마가 '너 뭐하니?' 라고 물으면 '나 공부 중이야.' 이렇게 대답할 때 쓸 수 있는 문장이 진행형입니다. 진행형은 다음의 세 가지로 나눌 수 있습니다.

현재 진행형 ~하고 있다	과거 진행형 ~하고 있었다	미래 진행형 ~하고 있을 것이다

2 현재진행형

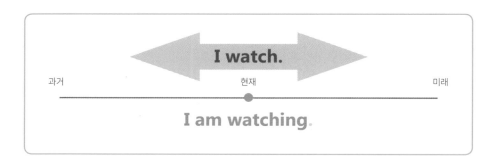

I watch TV. 나는 TV를 봐.　　　　　　　　　　→ 항상, 늘, 보통

I'm watching TV. 나 지금 TV 보고 있어.　　　　→ 지금

동사의 현재형 watch는 과거에 그랬고 미래까지 그렇게 할 거라고 예상되는 지금의 일을 말하고, 현재 진행형은 딱 '지금' 말하는 순간만을 의미합니다. '지금 TV 보고 있어'라는 현재 진행되고 있는 행동에 초점을 맞춘 표현입니다.

3 과거진행형

과거 진행형은 과거의 어느 시점부터 과거 어느 시점까지 일정한 기간 동안 계속되는 동작을 말합니다.

I was watching TV when you called me. 네가 나에게 전화했을 때 TV 보고 있었어.

4 미래진행형

미래 어느 때에 진행 중인 동작을 나타낼 때는 미래 진행형도 쓸 수 있습니다. 주어 다음에 미래를 나타내는 will을 써 주면됩니다.

I will be watching TV then. 그때 TV를 보고 있을 거야.

5 진행형으로 사용할 수 없는 동사

진행형으로 쓸 수 있는 동사는 행위를 나타내는 동사들이고, love, like, mean, need, own, remember, seem, want, understand 등과 같이 상태를 나타내는 동사는 진행형으로 나타낼 수 없습니다.

I like Susan. → I am liking Susan.(x)
수잔을 좋아하는 걸 지금 순간 진행 하는 중?

She understands it. → She is understanding it. (x)
그녀는 골몰히 앉아서 이해하도록 노력만하고 있는 상황?

6 진행형 ing를 만드는 법

> **주어 + be동사 + 일반동사 -ing**

❶ 진행형 동사형은 기본적으로 동사에 ing를 붙이지만, 동시의 원형이 -e로 끝나는 동사는 e를 떼어내고 ing를 붙입니다.

make - making   take - taking   have - having

❷ -ie로 끝나는 동사는 -ie를 y로 바꾸고 ing를 붙여줍니다.

die - dying   tie - tying   lie - lying

❸ 짧게 발음하는 모음과 자음으로 끝나는 단어들은 마지막 자음을 한 번 더 쓰고 ing를 붙여줍니다.

sit - sitting   put - putting   stop - stopping

❹ 2음절(읽었을 때 두 마디 이상 소리나는 단어) 이상의 단어들에서 강세(힘주어 말하는 부분)가 마지막 음절에 온다면 마지막 자음을 한 번 더 쓰고 ing를 붙여줍니다.

begin - beginning   forget - forgetting   permit - permitting

Unit 01

...은 ~하고 있어요[하는 중이에요]

주어 + be동사 + -ing ~. (현재진행형 긍정문)

▶ 녹음을 듣고 소리내어 읽어볼까요?

나는 일하고 있어요.

I am working.

아이 엠 워킹.

*현재진행형은 과거에 시작되어 지금 현재 진행 중인 채로

그는 영어 공부하고 있어요.

He is studying English.

히 이즈 스터딩 잉글리쉬.

아직 끝나지 않은 사건이나 행위를 표현할 때 사용한다

그녀는 점심을 먹고 있어요.

She is eating lunch.

쉬 이즈 이팅 런치.

그들은 TV를 보고 있어요.

They are watching TV.

데이 알 워칭 티비.

우리는 쉬고 있어요.

We are taking a break.

위 알 테이킹 어 브레익.

밖에 비가 오고 있어요.

It's raining outside.

잇츠 레이닝 아웃사이드.

말해볼까요?

A: **What are you doing now?**

윗 알 유 두잉 나우?

B: **I'm reading a book.**

아임 리딩 어 북.

A: **What book?**

윗 북?

B: **Harry Potter.**

해리 파터.

A: 지금 뭐해?

B: 책 읽고 있어.

A: 무슨 책?

B: 해리 포터.

 학습포인트!

현재진행형은 현재 진행 중인 동작 상태를 보다 생생하게 설명하기 위해 사용하는 표현으로 아래와 같이 의미상 3가지로 나눌 수 있습니다.

① 말하는 것과 동시에 벌어지는 것
   It is raining. (비가 오고 있어요.)

② 일시적인 사실

   I am looking for my glasses. (안경을 찾고 있어요.)

③ 가까운 미래의 계획

   I am meeting her at 7:00 p.m. (오후 7시에 그녀를 만나요.)

Unit 02

...은 ~하고 있지 않아요

주어 + be동사 + not + -ing ~. (현재진행형 부정문)

▶ 녹음을 듣고 소리내어 읽어볼까요?

나는 일하고 있지 않아요.

I am not working.

아이 엠 낫 워킹.

I am not → I'm not

그는 영어 공부를 하고 있지 않아요.

He is not studying English.

히 이즈 낫 스터딩 잉글리쉬.

is not → isn't

그녀는 아무것도 먹고 있지 않아요.

She isn't eating anything.

쉬 이즌ㅌ 이팅 애니씽.

그들은 TV를 보고 있지 않아요.

They aren't watching TV.

데이 안ㅌ 워칭 티비.

are not → aren't

우리는 쉬고 있지 않아요.

We aren't taking a break.

위 안ㅌ 테이킹 어 브레익.

*동사의 어미가 e로 끝나는 동사는 e를 없애고 -ing를 붙인다

난 지금 운전 중이 아니에요.

I'm not driving my car.

아임 낫 드라이빙 마이 카.

90

말해볼까요?

A: # Is Tom studying hard?
이즈 탐 스터딩 하드?

B: # No, he's not studying right now.
노우, 히즈 낫 스터잉 라잇 나우.

A: # Then what is he doing now?
덴 웟 이즈 히 두잉 나우?

B: # He is playing computer games.
히 이즈 플레잉 컴퓨터 게임즈.

A: 탐은 열심히 공부하고 있니?

B: 아뇨, 지금 공부 안 해요.

A: 그럼 지금 뭐해?

B: 컴퓨터 게임하고 있어요.

학습포인트!

진행형의 부정문은 어떤 시제든 be동사+not+~ing의 형태로 씁니다. 즉, 부정을 나타내는 not을 be동사 뒤에 붙여주면 됩니다.

I am looking for my glasses.(안경을 찾고 있어.) → I am not looking for my glasses.(안경을 찾고 있는 거 아니야.)

She is sleeping.(그녀는 자고 있어.) → She is not sleeping.(그녀는 자고 있지 않아.)

Unit 03

...은 ~하고 있어요?

be동사 + 주어 + -ing ~? (현재진행형 의문문)

 녹음을 듣고 소리내어 읽어볼까요?

일하고 있어요?

Are you working?

알 유 워킹?

*진행형의 의문문은 be동사를 문장 맨 앞에 두면 된다

그는 영어 공부 하고 있어요?

Is he studying English?

이즈 히 스터딩 잉글리쉬?

그녀는 점심 먹고 있어요?

Is she eating lunch?

이즈 쉬 이팅 런치?

그들은 TV를 보고 있어요?

Are they watching TV?

알 데이 워칭 티비?

쉬고 있어요?

Are you taking a break?

알 유 테이킹 어 브레익?

밖에 비 와요?

Is it raining outside?

이즈 잇 레이닝 아웃사이드?

A: **Is it still snowing?**
이즈 잇 스틸 스노잉?

B: **No, it isn't.**
노, 잇 이즌ㅌ.

A: **It's too cold, isn't it?**
잇츠 투 콜드, 이즌ㅌ 잇?

B: **Yes. It's really cold.**
예스. 잇츠 리얼리 콜드.

A: 아직도 눈 와요?

B: 아뇨, 그쳤어요.

A: 날씨가 너무 춥죠?

B: 네. 정말 춥네요.

학습포인트!

진행형은 어떤 시제든 기본적으로 '주어+be동사+ -ing ~.'의 형태를 갖고 있기 때문에 현재진행형의 의문문 역시 'Be동사+주어+~ing?'의 형태로 쓰고 '~하고 있어?'라고 해석합니다. be동사로 물었을 때는 대답도 be동사로 합니다.

Is she sleeping? (그녀는 자고 있어?)

— Yes, she is. / — No, she isn't.

Unit 04

...은 ~하고 있지 않나요?
be동사 + not + 주어 + -ing ~? (현재진행형 부정의문문)

▶ 녹음을 듣고 소리내어 읽어볼까요?

일하고 있지 않나요?

Aren't you working?

안츄 워킹?

*be동사 + not + 주어 + -ing ~? = be동사 + 주어 + not + -ing ~?

그는 영어 공부 하고 있지 않나요?

Isn't he studying English?

이즌ㅌ 히 스터딩 잉글리쉬?

*어미가 -ie인 동사는 ie를 y로 고치고 -ing를 붙인다 / die - dying

그녀는 점심을 먹고 있지 않나요?

Isn't she eating lunch?

이즌ㅌ 쉬 이팅 런치?

= Is she not eating linch?

그들은 TV를 보고 있지 않나요?

Aren't they watching TV?

안ㅌ 데이 워칭 티비?

= Are they not watching TV?

쉬고 있지 않나요?

Aren't you taking a break?

안츄 테이킹 어 브레익?

밖에 비가 오지 않나요?

Isn't it raining outside?

이즌ㅌ 잇 레이닝 아웃사이드?

A: **Isn't he studying?**
이즌ㅌ 히 스터잉?

B: **He's reading a cartoon.**
히즈 리딩 어 카툰.

A: **I thought he was studying.**
아이 쏘웃 히 워즈 스터잉.

B: **He should take a break from time to time.**
히 슈드 테익 어 브레익 프럼 타임 투 타임.

A: 그는 공부하는 중 아니에요?

B: 그는 만화 보고 있어요.

A: 난 그가 공부하는 줄 알았어요.

B: 쉴 때도 있어야죠.

학습포인트!

부정의문문이란 일반의문문에 부정어가 들어 있는 문장을 말합니다. '~하지 않아?'라고 묻는 것이라 헷갈리기 쉽습니다. 응답하는 내용이 긍정이면 무조건 Yes, 응답하는 내용이 부정이면 무조건 No라고 간단하게 생각하고, 우리말로 해석할 때는 Yes와 No는 반대로 합니다.

Don't you like milk? (우유 좋아하지 않아?)

— Yes, I do. (아니, 좋아해.) / — No, I don't. (응, 안 좋아해.)

...은 ~하고 있었어요[하는 중이었어요]
주어 + be동사(과거형) +-ing ~. (과거진행형 긍정문)

▶ 녹음을 듣고 소리내어 읽어볼까요?

나는 피아노를 연주하고 있었어요.

I was playing the piano.
아이 워즈 플레잉 더 피애노우.

*과거진행형은 과거의 어느 한 시점에 일어난 일을 이야기한다

당신은 텔레비전을 보고 있었어요.

You were watching TV.
유 워ㄹ 워칭 티비.

*과거진행형은 그냥 과거형으로 쓰는 것보다 좀 더 생동감이 있다

그는 책을 읽고 있었어요.

He was reading a book.
히 워즈 리딩 어 북.

*1인칭주어일 경우에는 was를 사용한다

그녀는 숙제를 하고 있었어요.

She was doing her homework.
쉬 워즈 두잉 헐 홈웍.

*3인칭 단수인 I, he, she, it이 주어일 경우에는 was를 사용한다

그들은 수영장에서 수영을 하고 있었어요.

They were swimming in the pool.
데이 워ㄹ 스위밍 인 더 풀.

*3인칭 복수인 you, they, we가 주어일 경우에는 were를 사용한다

우리는 집으로 걸어가고 있는 중이었어요.

We were walking home.
위 워ㄹ 워킹 홈.

*2인칭 주어일 경우에는 were를 사용한다

말해볼까요?

A: # What were you doing at that time?
윗 워ㄹ 유 두잉 앳 댓 타임?

B: # I was talking with my friends.
아이 워즈 토킹 윗 마이 프렌즈.

A: # Didn't you hear anything then?
디든ㅌ 유 히어 애니씽 덴?

B: # I didn't hear anything.
아이 디든ㅌ 히어 애니씽.

A: 그때 뭐하고 있었어요?

B: 친구들과 얘기하고 있었어요.

A: 그때 무슨 소리 못 들었어요?

B: 아무 소리도 못 들었는데요.

학습포인트!

동사의 과거진행형은 과거에 시작되고 말하는 시간에도 여전히 진행되고 있는 행위나 사건을 나타내는 표현입니다. 과거시제로 쓰인 이야기나 소설에서 The sun was shining.(햇빛이 반짝이고 있었다) 등으로 배경을 묘사할 때 자주 사용됩니다. 주어+be동사의 과거형(was/were)+~ing 형태로 쓰고 '주어가 ~하고 있었다'라고 해석합니다.

Unit 06

...은 ~하고 있지 않았어요

주어 + be동사(과거형) + not + -ing ~. (과거진행형 부정문)

 녹음을 듣고 소리내어 읽어볼까요?

나는 내 전화를 찾고 있지 않았어요.

I was not looking for my phone.

아이 워즈 낫 룩킹 풔 마이 포운.

was not → wasn't

당신은 라디오를 듣고 있지 않았어요.

You were not listening to the radio.

유 워ㄹ 낫 리스닝 투 더 레이디오.

그는 책을 읽고 있지 않았어요.

He wasn't reading the book.

히 워즌ㅌ 리딩 더 북.

우리는 농구를 하고 있지 않았어요.

We were not playing basketball.

위 워ㄹ 낫 플레잉 베스킷볼.

were not → weren't

아기는 자고 있지 않았어요.

The baby was not sleeping.

더 베이비 워즈 낫 슬리핑.

그들은 영어 공부를 하고 있지 않았어요.

They were not studying English.

데이 워ㄹ 낫 스터딩 잉글리쉬.

말해볼까요?

A: **Why?**
와이?

B: **What?**
윗?

A: **Why were you staring at me a bit ago.**
와이 워ㄹ 유 스테어링 앳 미 어 빗 어고우.

B: **I wasn't looking at you.**
아이 와즌ㅌ 룩킹 앳 유.

A: 왜?

B: 왓?

A: 아까 왜 날 빤히 쳐다봤냐고.

B: 널 보고 있었던 게 아니야.

 학습포인트!

'(과거 그 시점에) ~하고 있지 않았다'는 의미를 나타내는 과거진행형의 부정문 역시 be동사의 과거형(was/were) 뒤에 부정을 나타내는 not을 붙여주면 됩니다. 대개 was not/were not를 줄여서 wasn't/weren't로 씁니다.

She was reading. (그녀는 책을 읽고 있었어.)

→ She wasn't reading. (그녀는 책을 읽고 있지 않았어.)

99

...은 ~하고 있었어요?

be동사(과거형) + 주어 + -ing ~? (과거진행형 의문문)

 ▶ 녹음을 듣고 소리내어 읽어볼까요?

일하고 있었어요?

Were you working?

워르 유 워킹?

*과거진행형 의문문도 be동사 과거형(were, was)을 문장 맨 앞에 둔다

그녀는 자고 있었어요?

Was she sleeping?

워즈 쉬 슬리핑?

영어 공부하고 있었어요?

Were you studying English?

워르 유 스터딩 잉글리쉬?

그는 신문을 읽고 있었어요?

Was he reading the newspaper?

워즈 히 리딩 더 뉴스페이퍼?

밖에 비오고 있었어요?

Was it raining outside?

워즈 잇 레이닝 아웃사이드?

그들은 TV를 보고 있었어요?

Were they watching TV?

워르 데이 워칭 티비?

말해볼까요?

A: Were you working here at 10 a.m.?

워르 유 워킹 히얼 앳 텐 에이엠?

B: Yes, I was.

예스, 아이 워즈.

A: Who did you work with?

후 디쥬 웍 윗?

B: With Tom.

윗 탐.

A: 아침 10시에 여기서 일하고 있었나요?

B: 네, 그랬어요.

A: 누구랑 같이 일했어요?

B: 톰이랑 같이요.

학습포인트!

'(과거 그 시점에) ~하고 있었니?'라고 묻는 표현입니다. 의문사 없이 be 동사로 묻는 과거진행형의 의문문에 대해서는 대답할 때도 역시 be동사로 대답해야 합니다. 습관이나 사실 여부를 묻는 의문문에는 진행형을 쓰지 않는다는 것도 주의해야 합니다. 따라서 Was she reading?(그녀는 책을 읽고 있었니?)는 되지만 Were you having a house?(집을 갖고 있었니?)는 안 된다는 것입니다.

...은 ~하고 있지 않았나요?

be동사(과거형) + not + 주어 + -ing ~? (과거진행형 부정의문)

 녹음을 듣고 소리내어 읽어볼까요?

일하고 있지 않았나요?

Weren't you working?

원ㅌ 유 워킹?

= Were you not working?

그녀는 자고 있지 않았나요?

Wasn't she sleeping?

워즌ㅌ 쉬 슬리핑?

= Was she not sleeping?

영어 공부하고 있지 않았나요?

Weren't you studying English?

원ㅌ 유 스터딩 잉글리쉬?

그는 신문을 읽고 있지 않았나요?

Wasn't he reading the newspaper?

워즌ㅌ 히 리딩 더 뉴스페이퍼?

밖에 비오고 있지 않았나요?

Wasn't it raining outside?

워즌ㅌ 잇 레이닝 아웃사이드?

그들은 TV를 보고 있지 않았나요?

Weren't they watching TV?

원ㅌ 데이 워칭 티비?

말해볼까요?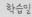

A: **Weren't you here on Sunday?**

원트 유 히얼 온 선데이?

B: **No, I wasn't.**

노우, 아이 워즌ㅌ.

A: **Where were you that day?**

웨얼 워ㄹ 유 댓 데이?

B: **I was watching TV at home.**

아이 워즈 워칭 티비 앳 홈.

A: 일요일에 여기 오지 않았니?

B: 아니, 안 왔어.

A: 그날 어디 있었어?

B: 집에서 TV 보고 있었어.

 학습포인트!

과거진행형의 부정의문문 역시 과거진행형의 일반의문문에 부정어가 들어 있는 형태로 씁니다. '(과거 그 시점에) ~하고 있지 않았니?'라고 묻는 표현으로 대답이 긍정이면 무조건 Yes, 부정이면 무조건 No입니다.

Wasn't she reading? (그녀는 책을 읽고 있지 않았니?)

— Yes, she was. / — No, she wasn't.

Unit 09

...은 ~하고 있을 거예요

주어 + will be + -ing ~. (미래진행형 긍정문)

  녹음을 듣고 소리내어 읽어볼까요?

그는 아직도 일하고 있을 거예요.

He will be working yet.

히 윌 비 워킹 옛.

*미래진행형은 과거와는 반대로 미래 행동에 대한 추측을 나타낸다

그녀는 거기에 머무르고 있을 거예요.

She will be staying there.

쉬 윌 비 스테잉 데얼.

*be동사 기본형은 be이므로 will be가 된다

그들은 야구를 하고 있을 거예요.

They will be playing baseball.

데이 윌 비 플레잉 베이스볼.

그들은 그녀를 돕고 있을 거예요.

They'll be helping her.

데이일 비 핼핑 헐.

They will → They'll

그는 문을 열고 있을 거예요.

He'll be opening the door.

히일 비 오프닝 더 도어.

He will → He'll

그는 숙제를 하고 있을 거예요.

He'll be doing his homework.

히일 비 두잉 히즈 홈웍.

말해볼까요?

A: # I can't go skiing with you.
아이 캔트 고우 스키잉 윗 유.

B: # Why?
와이?

A: # I'll be working on the weekend.
아일 비 워킹 온 더 위켄드.

B: # Sorry to hear that.
쏘리 투 히어 댓.

A: 너랑 스키 타러 못가.

B: 왜?

A: 주말에 일 할 거야.

B: 안됐구나.

 학습포인트!

미래진행형은 미래의 특정 시점에 '~ 하는 중일 거야'라는 뜻으로, 일상적으로 일어나는 미래 일을 말할 때, 미래 사건을 예측하거나 추측할 때 쓰는 표현입니다. 앞으로의 개인적인 스케줄에 대해서 말할 때도 쓸 수 있는데 현재형이나 현재진행형으로도 말하는 것보다 '~하기로 되어 있다'는 필연성을 좀 더 강조할 때 사용합니다.

...은 ~하고 있지 않을 거예요

주어 + will not[won't] be + -ing ~. (미래진행형 부정문)

▶ 녹음을 듣고 소리내어 읽어볼까요?

그는 일하고 있지 않을 거예요.
He will not be working.
히 윌 낫 비 워킹.

그녀는 거기에 머무르고 있지 않을 거예요.
She will not be staying there.
쉬 윌 낫 비 스테잉 데얼.

그들은 야구를 하고 있지 않을 거예요.
They won't be playing baseball.
데이 원ㅌ 비 플레잉 베이스볼.

will not be → won't be

그들은 그녀를 돕고 있지 않을 거예요.
They won't be helping her.
데이 원ㅌ 비 핼핑 헐.

그녀는 책을 읽고 있지 않을 거예요.
She won't be reading a book.
쉬 원ㅌ 비 리딩 어 북.

그는 숙제를 하고 있지 않을 거예요.
He won't be doing his homework.
히 원ㅌ 비 두잉 히즈 홈웍.

말해볼까요?

A: **Are they eating lunch?**
알 데이 이팅 런치?

B: **Well, they won't be eating lunch.**
웰, 데이 원ㅌ 비 이팅 런치.

A: **Isn't it lunch time?**
이즌ㅌ 잇 런치 타임?

B: **Lunch time starts at 1 p.m.**
런치 타임 스타츠 앳 원 피엠.

A: 그들은 점심을 먹고 있을까요?

B: 글쎄요, 그들은 점심을 먹고 있지 않을 거예요.

A: 지금 점심시간 아닌가요?

B: 점심시간은 오후 1시부터예요.

학습포인트!

미래진행형 긍정문을 부정문으로 만들기 위해서는 will 뒤에 not만 붙여 주면 됩니다. 주로 will not을 줄여서 won't 형태로 씁니다. 부정어 not은 be동사 뒤, do[does, did] 뒤, will 뒤에 위치한다는 것만 기억하면 부정문 만들 때 고민할 일이 없습니다. Will you be doing ~? 형태의 의문문은 존댓말 효과가 있어서 그냥 Will you ~?라고 하는 것보다 더 정중한 요청이 됩니다.

다시 시작하는
영어 첫걸음

P A R T 04

기초 영문법 따라잡기

1 의문사가 뭐야?

의문사는 누가, 언제, 어디서, 무엇을, 어떻게, 왜?를 묻고 싶을 때 사용하는 말입니다.
의문사의 종류에는 다음 7가지가 있습니다.

Who [huː]	누가	너는 누구니? Who are you?
When [ʰwen]	언제(날짜, 시간)	너 생일은 언제야? When is your birthday.
Where [ʰwɛəːr]	어디에서, 어디(장소)	너는 어디에 사니? Where do you live?
What [ʰwɑt]	무엇, 뭐	이건 뭐니? What is it?
Which [ʰwitʃ]	어느 것	어느 영화를 좋아하니? Which movie do you like?
Why [ʰwai]	왜(이유)	너는 왜 영어 공부를 하니? Why do you study English?
How [ʰau]	어떻게, 얼마나	어떻게 지내니? How are you?

의문사로 시작하는 의문문은 Yes나 No로 답하지 않고 궁금한 것에 답만 해주면 됩니다.

2 의문사를 이용한 의문문 만들기

영어에서 의문사는 모든 의문문의 맨 앞에 오게 됩니다. 왜냐하면 한 번에 그 말이 물어보는 말이라는 것을 알게 하기 위해서입니다. 가령 예를 들면. You know who? (원래는 Who do you know?)라고 한다면 끝에 나오는 말까지 모두 듣고서야 물어보는 말인 줄 알게 되는 겁니다. 그렇기 때문에 영어에선(국어도 그렇지만) 의문사가 문장의 맨 앞으로 오게 되는 겁니다.

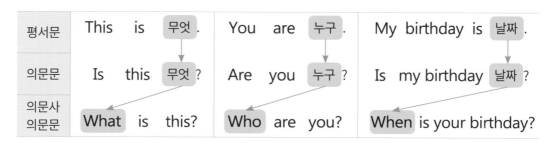

평서문	This is 무엇 .	You are 누구 .	My birthday is 날짜 .
의문문	Is this 무엇 ?	Are you 누구 ?	Is my birthday 날짜 ?
의문사 의문문	What is this?	Who are you?	When is your birthday?

be 동사가 쓰인 경우에는 의문사 뒤에 주어와 동사 자리만 바꾸어 써주면 됩니다.

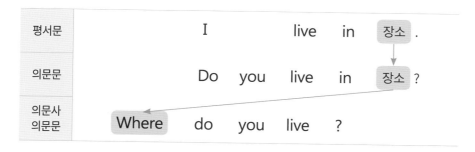

평서문	I		live	in	장소	.
의문문		Do you	live	in	장소	?
의문사 의문문	Where	do you	live			?

일반동사가 쓰인 경우 do를 써주고 동사는 그대로 바뀌지 않습니다. 인칭과 시제에 따라 do / does / did를 다르게 씁니다.

의문사로 시작하는 의문문은 평서문을 일단 의문문으로 바꾼 형태에서 다시 문장 앞에 의문사를 붙여주는 형식으로 만들면 됩니다.

3 Who is he?와 What is he?의 차이

Who is he?, Who is she?와 같이 Who is ~?로 묻게 되면 의문사 who는 '사람의 이름'과 '나와의 관계'를 물어 볼 때 쓰는 의문사입니다. Who is he?라고 물으면 다음과 같이 두 가지로 대답할 수 있습니다.

Who is he? 그는 누구입니까?

- He's Bill Gates. 그는 빌게이츠입니다.

- He's my brother. 그는 나의 형제입니다.

What is he?, What is she? 와 같이 묻게 되면 그 사람의 직업을 묻는 표현이 됩니다.

What is he? 그는 어떤 사람입니까?

- He's a teacher. 그는 선생님입니다.

Unit 01

...은 ~하죠, ~안 그래요?
긍정문 + 부정의문문? (부가의문문)

▶ 녹음을 듣고 소리내어 읽어볼까요?

그는 키가 커요, 그렇지 않아요?

He is tall, isn't he?

히 이즈 톨, 이즌ㅌ 히?

*부가의문문은 확인이나 동의를 얻기 위해 문장이 끝나고

그들은 뚱뚱해요, 안 그래요?

They are fat, aren't they?

데이 알 팻, 안ㅌ 데이?

앞에 있는 문장에 덧붙이는 의문문이다

그녀는 여기서 일하죠?

She works here, doesn't she?

쉬 웍스 히얼, 더즌ㅌ 쉬?

*동사와 부정어는 축약형을 쓴다

그는 영화를 많이 봐요, 그렇지 않아요?

He sees many films, doesn't he?

히 씨즈 매니 필름스, 더즌ㅌ 히?

*일반동사는 do / does / did를 사용한다

우리는 영어 공부를 열심히 해요, 안 그래요?

We study English hard, don't we?

위 스터디 잉글리쉬 하드, 돈ㅌ 위?

정말 달아요, 안 그래요?

It's very sweet, isn't it?

잇츠 베리 스윗, 이즌ㅌ 잇?

*주절이 긍정이면 부가의문문은 부정으로 말한다

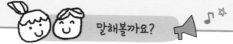 말해볼까요?

A: **It is very hot today, isn't it?**
잇 이즈 베리 핫 투데이, 이즌ㅌ 잇?

B: **Yes, it's very hot.**
예스, 잇츠 베리 핫.

A: **Shall we go swimming?**
샬 위 고우 스위밍?

B: **That's a good idea.**
댓츠 어 굿 아이디어.

A: 오늘 무척 덥지, 안 그래?

B: 응, 정말 더워.

A: 수영하러 갈까?

B: 좋은 생각이야!

학습포인트!

부가의문문이란 문장의 맨 뒤에 덧붙인 is it? / isn't it? / do you? / don't you? 등의 짤막한 의문문을 말합니다. '그렇지? 안 그래? 그렇지 않니?' 정도의 의미로, 동사+주어로 구성됩니다. 긍정문 뒤에는 부정의 부가의문문을 쓰고 부정문 뒤에는 반드시 긍정의 부가의문문을 써야 합니다. 부가의무문의 주어는 인칭대명사(I, you, he, she, it, they)만 올 수 있습니다.

Unit 02

...은 ~하지 않죠, ~그렇죠?

부정문 + 긍정의문문? (부가의문문)

▶ 녹음을 듣고 소리내어 읽어볼까요?

그는 키가 크지 않아요, 그렇죠?

He isn't tall, is he?

히 이즌ㅌ 톨, 이즈 히?

*주어는 대명사로 바꾼다

그들은 뚱뚱하지 않아요, 그렇죠?

They aren't fat, are they?

데이 안ㅌ 팻, 알 데이?

*의문문 어순에 맞추어 동사 + 주어 순으로 쓴다

그녀는 여기서 일하지 않죠?

She doesn't work here, does she?

쉬 더즌ㅌ 웍 히얼, 더즈 쉬?

*주절이 부정이면 부가의문문은 긍정으로 말한다

그는 영화를 많이 보지 않아요, 그렇죠?

He doesn't see many films, does he?

히 더즌ㅌ 씨 메니 필름스, 더즈 히?

우리는 영어 공부를 열심히 하지 않아요, 그렇죠?

We don't study English hard, do we?

위 돈ㅌ 스터디 잉글리쉬 하드, 두 위?

달지 않죠?

It isn't sweet, is it?

잇 이즌ㅌ 스윗, 이즈 잇?

114

말해볼까요?

A: **You aren't hungry now, are you?**
유 안트 헝그리 나우, 알 유?

B: **I am hungry.**
아이 앰 헝그리.

A: **Really?**
리얼리?

B: **I want to eat pizza.**
아이 원투 잇 핏자.

A: 지금 배 안 고프지, 그치?

B: 배고파.

A: 그래?

B: 피자 먹고 싶어.

학습포인트!

부가의문문은 억양에 따라 뉘앙스가 달라집니다. 끝을 올리면 정말 그러냐고 확인하는 말이 되고, 끝을 내리면 단지 동의를 구하는 말이 됩니다. 부가의문문을 만드는 규칙은 딱 3가지만 기억하세요. ① 앞 문장의 동사가 be동사일 때는 be동사로 ② 앞 문장의 동사가 일반동사일 때는 do동사로 ③ 앞 문장의 동사가 조동사일 때는 조동사로 만든다!

...은 ~예요[해요], 아니면 ~예요[해요]?
A or B (선택의문문)

 녹음을 듣고 소리내어 읽어볼까요?

저건 개예요, 여우예요?

Is that a dog or a fox?

이즈 댓 어 독 오어러 폭스?

*선택의문문은 or(또는)를 써서 상대방의 선택을 묻는 의문문이다

당신은 간호사예요, 선생이에요?

Are you a nurse or a teacher?

알 유 어 너스 오어러 티처?

*대답은 Yes／No로 하지 않고, 한쪽을 선택해서 말한다

그것은 펜이에요, 연필이에요?

Is it a pen or a pencil?

이즈 잇 어 펜 오어러 펜슬?

넌 학교에 버스로 다니니, 걸어다니니?

Do you go to school by bus or on foot?

두 유 고우 투 스쿨 바이 버스 오어론 풋?

당신은 봄과 가을 중에 어느 계절을 좋아해요?

Which do you like better, spring or autumn?

위치 두 유 라익 배러, 스프링 오어 오텀?

그는 운전을 해요, 안 해요?

Does he drive the car or not?

더즈 히 드라입 더 카 오어 낫?

말해볼까요? 🎵

A: **Is your uncle in Seoul or in Busan?**

이즈 유얼 엉클 인 서울 오어 인 부산?

B: **He is in Busan.**

히 이즈 인 부산.

A: **Does he come to Seoul often?**

더즈 히 컴 투 서울 오픈?

B: **About once a month.**

어바웃 원스 어 먼쓰.

A: 너희 삼촌은 서울에 계시니, 부산에 계시니?

B: 삼촌은 부산에 계셔.

A: 그는 서울에 자주 오시니?

B: 1달에 1번쯤.

학습포인트!

선택의문문은 의문문에 or를 써서 어느 한쪽의 선택을 요구하는 형태입니다. 'A 또는 B 중에서 어느 것을 ~하니?'라는 뜻으로 보통 or 앞부분은 올려 읽고 뒷부분은 내려 읽습니다. Yes나 No로 대답하지 않는다는 것도 선택의문문의 특징입니다. Yes나 No를 묻는 게 아니라 어느 쪽이냐가 질문의 초점이니까요.

녹음을 듣고 소리내어 읽어볼까요?

어디 가세요?

Where are you going?

웨얼 알 유 고우잉?

where 어디에서, 어디(장소)

내 전화기 어디 있어요?

Where is my phone?

웨얼 이즈 마이 포운?

Where + be동사 +주어 ~?

내 책은 어디에 있어요?

Where is my book?

웨얼 이즈 마이 북?

당신 차는 어디에 있어요?

Where is your car?

웨얼 이즈 유얼 카?

이거 어디서 샀어요?

Where did you buy this?

웨얼 디쥬 바이 디스?

Where + do +주어 + 동사원형 ~?

가장 가까운 버스정류장이 어디죠?

Where's the nearest bus stop?

웨얼즈 더 니어리숫 버스 스탑?

말해볼까요?

A: Where is my wallet?

웨얼 이즈 마이 월릿?

B: I saw it on the kitchen table.

아이 쏘우 잇 온 더 키친 테이블.

A: Really? Thank you.

리얼리? 땡큐.

B: You're welcome.

유어 웰컴.

A: 내 지갑이 어디 있지?

B: 부엌 테이블에 있는 거 봤어요.

A: 그래? 고마워.

B: 천만에요.

 학습포인트!

의문사 Where는 '어디서, 어디에'라는 의미를 갖고 있습니다. 장소를 묻는 대표적인 표현으로 의문사 Where는 의문대명사, 의문부사로 나눌 수 있습니다. 사용빈도는 의문부사가 훨씬 많습니다. 다음 두 문장에서 차이를 느껴보세요.

Where are you from? (어디서 왔니?) — 의문대명사

Where did you go? (어디 갔었니?) — 의문부사

Unit 05

~은 언제예요?/언제 ~해요?
When ~? (의문사)

▶ 녹음을 듣고 소리내어 읽어볼까요?

생일이 언제예요?

When is your birthday?

웬 이즈 유얼 버쓰데이?

when 언제(날짜, 시간)

시험은 언제 봐요?

When is your exam?

웬 이즈 유얼 이그잼?

그는 언제 돌아오나요?

When will he be back?

웬 윌 히 비 백?

그들은 언제 이사 갈 거예요?

When are they moving out?

웬 알 데이 무빙 아웃?

moving out (살던 집에서) 이사를 나가다

언제 다시 당신을 만날 수 있나요?

When can I see you again?

웬 캔 아이 씨 유 어겐?

다음 버스는 언제 와요?

When does the next bus arrive?

웬 더즈 더 넥슷 버스 어라입?

A: # When is your next class?
웬 이즈 유얼 넥슷 클래스?

B: # It's at 2.
잇츠 앳 투.

A: # Did you have lunch?
디쥬 햅 런치?

B: # Not yet. And you?
낫 옛. 앤 유?

A: 너네 다음 수업은 언제야?

B: 2시.

A: 점심은 먹었어?

B: 아직 안 먹었어. 넌?

학습포인트!

의문사 When과 접속사 When은 둘 다 문장 맨 앞에 올 수 있기 때문에 구분하기 어렵다고 생각하는 사람이 많지만 when 다음에 오는 주어와 동사의 순서만 확인하면 쉽습니다. When이 의문사로 쓰일 때는 When+동사+주어~(When can I call you?), 접속사로 쓰일 때는 When+주어+동사~(When I came home, he was sleeping.)!

121

Unit 06

...은 어떻게 ~해요?/얼마나 ~예요?

How ~? (의문사)

▶ 녹음을 듣고 소리내어 읽어볼까요?

얼마에요?

How much is it?

하우 머치 이즈 잇?

how 어떻게, 얼마나, 몇

그녀는 몇 살이에요?

How old is she?

하우 올드 이즈 쉬?

그건 어떻게 작동해요?

How does it work?

하우 더즈 잇 웍?

*의문사로 시작하는 의문문은 Yes나 No로 답하지 않는다

지금 기분이 어떠세요?

How are you feeling now?

하우 알 유 필링 나우?

얼마나 자주 외식하니?

How often do you eat out?

하우 오픈 두 유 잇 아웃?

여기서 버스 정류장까지 얼마나 멀어요?

How far is the bus stop from here?

하우 파 이즈 더 버스 스탑 프럼 히얼?

A: # How much is the bus fare?
하우 머치 이즈 더 버스 페어?

B: # It's 2 dollars.
잇츠 투 달러즈.

A: # How often does the bus run?
하우 오픈 더즈 더 버스 런?

B: # The bus comes every hour.
더 버스 컴즈 에브리 아워.

A: 버스 요금은 얼마예요?

B: 2달러입니다.

A: 버스는 얼마나 자주 와요?

B: 그 버스는 1시간마다 옵니다.

학습포인트!

의문사 How로 시작되는 의문문은 수단과 방법, 교통수단, 방향, 사람의 상태, 일의 진행상태, 숫자, 가격, 양, 거리, 시간의 길이 등을 물어보는 표현입니다. 주로 '어떻게, 얼마나'의 뜻으로 쓰이고 뒤에 형용사나 부사가 잘 붙는다는 특징이 있습니다. 예를 들면 How far ~? How long ~? 이런 식으로요.

Unit 07

왜 ~해요?
Why ~? (의문사)

▶ 녹음을 듣고 소리내어 읽어볼까요?

왜 늦었어요?

Why are you late?

와이 알 유 레잇?

why 왜(이유)

그는 왜 서두르는 거예요?

Why is he in a hurry?

와이 이즈 히 인 어 허리?

in a hurry 서둘러[급히]

왜 그 책을 좋아하나요?

Why do you like the book?

와이 두 유 라익 더 북?

그는 왜 그렇게 피곤해 보이는 거예요?

Why does he look so tired?

와이 더즈 히 룩 쏘우 타이어드?

그들은 왜 그녀를 쫓는 거예요?

Why do they chase her?

와이 두 데이 체이스 헐?

그녀는 왜 그를 좋아할까요?

Why does she like him?

와이 더즈 쉬 라익 힘?

124

A: **Why do you like him?**
와이 두 유 라익 힘?

B: **Well, he is always nice to me.**
웰, 히 이즈 올웨이즈 나이스 투 미.

A: **I suspect him to be a liar.**
아이 서스펙트 힘 투 비 어 라이어.

B: **Why do you think that?**
와이 두 유 씽크 댓?

A: 왜 그를 좋아하는 거예요?

B: 어, 그는 언제나 나에게 잘 해줘요.

A: 나는 그가 거짓말쟁이가 아닐까 싶어요.

B: 왜 그렇게 생각해요?

 학습포인트!

의문사 Why는 이유를 물을 때 씁니다. 의문사 뒤에는 be동사, 일반동사, 조동사가 다 올 수 있으므로 다양한 문장을 만들 수 있습니다.

① Why+be동사+주어 ~? Why are you late? (왜 늦었니?)

② Why+do동사+주어+동사원형 Why do you run? (왜 뛰어가니?)

③ Why+조동사+주어+동사원형 Why will you learn that?

(왜 그걸 배우려는 거니?)

125

~은 뭐예요?
What ~? (의문사)

 녹음을 듣고 소리내어 읽어볼까요?

지금 몇 시에요?

What time is it now?
윗 타임 이즈 잇 나우?

what 무엇, 뭐

요점이 뭐예요?

What's your point?
윗츠 유얼 포인트?

성이 뭐예요?

What's your last name?
윗츠 유얼 라슷 네임?

last name, family name 성 / first name, given name 이름

뭘 찾고 있어요?

What are you looking for?
윗 알 유 룩킹 풔?

looking for 찾다, 구하다, 기대하다

그 상자 안에 있는 건 뭐예요?

What's in that box?
윗츠 인 댓 박스?

여기서 무슨 일이 있었어요?

What happened here?
윗 해펀드 히얼?

happen (무엇의 결과로) 일어나다[되다]

말해볼까요?

A: **What's your favorite food?**
윗츠 유얼 페이버릿 풋?

B: **It's Chinese.**
잇츠 차이니즈.

A: **Why do you like Chinese food?**
와이 두 유 라익 차이니즈 풋?

B: **Because it's delicious.**
비커즈 잇츠 딜리셔스.

A: 가장 좋아하는 음식이 뭐예요?

B: 중국 음식이요.

A: 중식을 좋아하는 이유가 뭐예요?

B: 맛있으니까요.

학습포인트!

의문사 what은 기본적으로 '무엇, 무슨'의 뜻을 갖고 있습니다. 의문사 가운데 주어로 쓸 수 있는 것은 what, which, who 3가지인데, 의문사가 주어로 쓰인 경우에는 의문문의 형태가 달라져서 관계대명사인지 의문대명사인지 헷갈릴 수 있습니다. 그럴 땐 해석을 통해서 구분하는데, '~하는 것'으로 해석되면 관계대명사이고, '무엇'으로 해석되면 의문대명사입니다.

Unit 09

~은 누구예요?/누가 ~했어요?

Who ~? (의문사)

▶ 녹음을 듣고 소리내어 읽어볼까요?

누구세요?

Who are you?

후 알 유?

who 누구(사람)

저 여자는 누구에요?

Who is that girl?

후 이즈 댓 걸?

누가 그런 말 했어요?

Who said that?

후 셋 댓?

누가 초대했죠?

Who invited you?

후 인바잇 유?

invite 초대하다, 초청하다

누굴 바꿔 드릴까요?

Who do you want to speak to?

후 두 유 원투 스픽 투?

누가 당신 의견을 물었어요?

Who asked your opinion?

후 애슥트 유얼 오피니언?

opinion (개인의) 의견, 견해

128

말해볼까요?

A: **I don't think it's fair.**
아이 돈ㅌ 씽크 잇츠 페어.

B: **Who asked your opinion?**
후즈 애슼트 유얼 오피니언?

A: **I have the right to speak.**
아이 햅 더 라잇 투 스픽.

B: **Do you?**
두 유?

A: 그건 공평하지 않다고 생각해요.

B: 누가 네 의견 물었어?

A: 나도 말할 권리가 있어요.

B: 그러셔?

학습포인트!

의문사 who의 기본적인 뜻은 '누구, 누가'입니다. 그래서 사람에 대해 물어볼 때는 who를 쓰고, 사물에 대해 물어볼 때는 what을 씁니다. who가 주어로 쓰인 경우에는 Who+동사(be동사 또는 일반동사) 형태로 평서문과 같은 형태가 됩니다. 중요한 것은 who가 주어로 쓰인 경우, 만약 문장이 현재형이라면 who를 3인칭단수로 취급한 것입니다.

▶ 녹음을 듣고 소리내어 읽어볼까요?

어느 것이 당신 책인가요?

Which is your book?

위치 이즈 유얼 북?

which 어느 것(쪽)

어느 게 더 낫습니까?

Which is better?

위치 이즈 베러?

*Which ~, A or B? A와 B중 하나의 선택을 묻는 표현이다

어느 게 그들의 집이죠?

Which is their house?

위치 이즈 데얼 하우스?

당신의 선택은 어느 쪽이에요?

Which is your choice?

위치 이즈 유얼 초이스?

choice 선택하다, 고르다

차와 커피 가운데 어느 것을 더 좋아하세요?

Which do you prefer, tea or coffee?

위치 두 유 프리퍼, 티 오어 커피?

박물관은 어느 쪽 길이에요?

Which way is the museum, please?

위치 웨이 이즈 더 뮤지엄, 플리즈?

말해볼까요?

A: **Which do you like better, coffee or tea?**

위치 두 유 라익 배러, 커피 오어 티?

B: **Coffee, please.**

커피, 플리즈.

A: **Hot or cold?**

핫 오어 콜드?

B: **Hot, please.**

핫, 플리즈.

A: 커피와 차 중 어떤 것으로 하시겠어요?

B: 커피로 주세요.

A: 뜨거운 거요? 아님 차가운 거요?

B: 뜨거운 걸로요.

학습포인트!

의문사 Which의 기본적인 뜻은 '어느, 어느 것'이고, 의문사 which의 기본 개념은 '선택'입니다. which는 단독으로도 쓰이고 'which+명사어구'로 짝을 이루기도 합니다. which 단독으로 쓰일 때는 '어느 것'으로 해석하고 'which+명사어구'로 짝을 이루어 쓰일 때는 '어느 명사'로 해석합니다.

~은 누구 거예요?/누구의 ~예요?

Whose ~? (의문사)

▶ 녹음을 듣고 소리내어 읽어볼까요?

누구 차예요?

Whose car is it?

후즈 카 이즈 잇?

whose 누구

누구 계좌예요?

Whose account is it?

후즈 어카운트 이즈 잇?

account 계좌

누구 사진이에요?

Whose picture is it?

후즈 픽처 이즈 잇?

picture 그림

누구 전화기예요?

Whose phone is it?

후즈 포운 이즈 잇?

저것은 누구 집이죠?

Whose house is that?

후즈 하우스 이즈 댓?

누구 차례예요?

Whose go is it?

후즈 고우 이즈 잇?

A: **Whose turn is it next?**

후즈 턴 이즈 잇 넥스트?

B: **It's your turn, idiot.**

잇츠 유얼 턴, 이디엇.

A: **No, it's your turn.**

노우, 잇츠 유얼 턴.

B: **I just did it, idiot!**

아이 저슷 딧 잇, 이디엇!

A: 다음은 누구 차례야?

B: 네 차례잖아. 멍청아.

A: 아니야, 네 차례야.

B: 난 금방 했잖아, 바보야!

학습포인트!

의문사는 의문대명사, 의문형용사, 의문부사로 나뉘고 문장에서 각각 명사, 형용사, 부사 역할을 합니다. whose는 대명사와 형용사로 쓰이는데 의문대명사로 쓰일 때는 '누구의 것'이라는 의미를 갖고, 의문형용사로 쓰일 때는 who의 소유격 '누구의'라는 의미를 갖기 때문에 반드시 뒤에 명사가 따라옵니다.

얼마나 ~인가!/정말 ~인걸!

How + 형용사[부사] ~! (감탄문)

 녹음을 듣고 소리내어 읽어볼까요?

귀여워라!

How cute!

하우 큐트!

*감탄문은 기쁨, 슬픔, 놀람 등의 느낌을 표현하는 문장이다

얼마나 예쁜지!

How pretty!

하우 프리티!

*감탄문은 주어와 동사를 생략해도 의미가 통한다

얼마나 비싼지!

How expensive!

하우 익스펜십!

*감탄문은 하나의 단어로도 감탄문을 표현할 수 있다

어쩜 이렇게 사랑스러운지!

How lovely!

하우 러블리!

How + 형용사[부사](주어+동사)!

그녀는 얼마나 빨리 뛰는지!

How fast she runs!

하우 패숏 쉬 런스!

정말 지루한 영화야!

How boring this movie is!

하우 보링 디스 무비 이즈!

말해볼까요?

A: Look! How beautiful it is!

룩! 하우 뷰티플 잇 이즈!

B: Wow! They fly up to the sky!

와우! 데이 플라이 업 투 더 스카이!

A: How amazing!

하우 어메이징!

B: This is nature.

디스 이즈 네이처.

A: 이것 좀 봐요! 정말 너무 아름다워요.

B: 와! 그들이 하늘로 날아올라요!

A: 정말 놀랍군요!

B: 이게 바로 자연이죠.

학습포인트!

감탄문은 '참 ~하다!'라는 의미로 놀라움, 감탄, 기쁨, 슬픔 등의 의미를 강조하는 표현입니다. 감탄문에는 의문사 How나 What을 쓰는데 How로 시작하는 감탄문은 주어보다 형용사, 부사를 강조할 때 사용합니다.
How boring this movie is! (영화가 어찌나 지루한지!)
이렇게 영화가 아니라 지루하다는 점을 강조합니다.

얼마나 ~인가!/정말 ~인걸!

What + (a/an) 형용사 + 명사 ~! (감탄문)

▶ 녹음을 듣고 소리내어 읽어볼까요?

날씨 정말 좋은데!

What a nice day!

윗 어 나이스 데이!

*감탄사를 이용하기도 하지만, How, What로 시작하기도 한다

얼마나 귀여운 인형인가!

What a cute doll (it is)!

윗 어 큐트 돌 (잇 이즈)!

What + a(an) + 형용사 + 명사 + (주어+동사)!

정말 사랑스러운 소녀야!

What a lovely girl!

윗 어 러블리 걸!

저 차는 정말 작은걸!

What a tiny car (it is)!

윗 어 타이니 카 (잇 이즈)!

개들이 어찌나 큰지!

What big dogs (they are)!

윗 빅 독스 (데이 알)!

*감탄문은 평서문 뒤에 느낌표만 붙이는 방법도 있다

정말 흥미로운 경기인걸!

What an interesting game (it is)!

윗 언 인터레스팅 게임 (잇 이즈)!

A: **What a beautiful sight!**

윗 어 뷰티플 싸잇!

B: **Totally!**

토우털리!

A: **Look over there.**

룩 오우버 데얼.

B: **How cool!**

하우 쿨!

A: 정말 멋진 풍경이에요.

B: 정말 그래요.

A: 저기 좀 봐요.

B: 정말 멋지네요!

학습포인트!

 What으로 시작하는 감탄문 역시 '참 ~하다!'라는 의미입니다. How 감탄문이 형용사, 부사를 강조하는 것과 달리 What 감탄문은 주어를 강조합니다. What a cute doll (it is)! (정말 귀여운 인형이야!)
실생활에서는 감탄문을 말할 때 흔히 주어와 동사를 생략합니다.
How nice! (정말 멋져!) / What a nice day! (날씨 정말 좋은데!)

Unit 14

~하세요

동사원형 ~. (명령문)

▶ 녹음을 듣고 소리내어 읽어볼까요?

조용히 해!

Be quiet!

비 콰이엇!

*명령문은 상대방에게 지시하는 문장이기 때문에

창문을 여세요.

Open the window.

오픈 더 윈도우.

주어인 you를 생략하고 동사로 시작한다

이쪽으로 오세요.

Come over here.

컴 오우버 히얼.

울음을 그쳐요.

Stop crying.

스탑 크라잉.

소금을 건네주세요.

Pass me the salt.

패스 미 더 솔트.

*명령문의 앞이나 뒤에 please를 붙이면 부탁의 표현이 된다

책을 가져가세요.

Take the book.

테익 더 북.

138

A: **Wait for me here.**
웨잇 풔 미 히얼.

B: **How long do I have to wait?**
하우 롱 두 아이 햅 투 웨잇?

A: **Five minutes!**
파입 미닛츠!

B: **Okay. I'll wait.**
오우케이. 아일 웨잇.

A: 여기서 기다려.

B: 얼마나 기다려야 되나요?

A: 5분이면 돼!

B: 알겠어요. 기다릴게요.

 학습포인트!

명령문은 형태가 간단해서 쉬워 보이지만 기본개념과 특징을 제대로 익혀둬야 합니다. 명령문의 특징은 ① 동사원형으로 시작한다 ② 주어를 쓰지 않는다는 것입니다. 시작하는 동사는 be동사, 일반동사 모두 쓸 수 있으며 주어를 쓰지 않는 이유는 명령문의 특성상 앞에 있는 you한테 말하는 것이 분명하기 때문입니다. 명령문에 please를 붙이면 부탁하는 표현이 됩니다.

~하지 마세요
Don't + 동사원형 ~. (금지 명령문)

▶ 녹음을 듣고 소리내어 읽어볼까요?

움직이지 마!

Don't move!

돈ㅌ 무브!

*금지 명령문은 동사원형 앞에 Don't를 붙인다

아무것도 만지지 마세요.

Don't touch anything.

돈ㅌ 터치 애니씽.

touch 만지다

여기로 전화하지 마세요.

Don't call me here.

돈ㅌ 콜 미 히얼.

단 거 먹지 마세요.

Don't eat sweets.

돈ㅌ 잇 스윗츠.

교실에서 뛰지 마세요.

Don't run in the classroom.

돈ㅌ 런 인 더 클래스룸.

여기서 떠들지 마세요.

Don't make a noise here.

돈ㅌ 메익 어 노이즈 히얼.

make a noise 소란을 피우다

말해볼까요?

A: # Hurry up, it's late.

허리 업, 잇츠 레잇.

B: # Don't run too fast. You may fall down.

돈ㅌ 런 투 패슷. 유 메이 폴 다운.

A: # Run!

런!

B: # We have plenty of time.

위 햅 플렌티 옵 타임.

A: 서둘러요, 늦었어요.

B: 너무 빨리 뛰지 마. 넘어질라.

A: 뛰어요!

B: 시간 충분해.

 학습포인트!

부정명령문은 우리말의 '~하지 마'라는 뜻으로 뭔가를 금지하고 싶을 때 쓰는 표현으로 명령문 앞에 Don't만 붙이면 됩니다. 또한 듣는 상대는 늘 you이므로 부정명령문에서 Doesn't가 올 일은 절대 없습니다. 만약 뭔가 를 더 강하게 금지하고 싶을 때는 문장 맨 앞에 Don't 대신 Never를 써서 '절대 안 돼! 절대 ~하지 마'라고 표현할 수 있습니다.

141

~합시다

Let's ~. (권유문)

▶ 녹음을 듣고 소리내어 읽어볼까요?

밖에 나갑시다.

Let's go out.

렛츠 고우 아웃.

Let's는 Let us의 단축형 (권유의 뜻일 때)

바닷가에 갑시다.

Let's go to the beach.

렛츠 고우 투 더 비치.

*Yes, No로 대답하는 경우는

야구합시다.

Let's play baseball.

렛츠 플레이 베이스볼.

Yes let's do it/that 이나 앞의 동사를 되풀이한다

잠깐 쉽시다.

Let's have a break.

렛츠 햅 어 브레익.

영어를 공부합시다.

Let's study English.

렛츠 스터디 잉글리쉬.

우리 뭐 좀 먹을까요?

Let's eat something, shall we?

렛츠 잇 썸씽, 쉘 위?

Let's 의 경우는 부가 의문문으로 shall we?를 쓴다

말해볼까요?

A: **Let's go out to eat.**
렛츠 고우 아웃 투 잇.

B: **Yeah, that sounds good.**
이예, 댓 사운즈 굿.

A: **What'll we have?**
웟일 위 햅?

B: **I like anything.**
아이 라익 애니씽.

A: 나가서 뭐 좀 먹자.

B: 그래, 그게 좋겠어.

A: 뭐 먹을까?

B: 난 아무거나 다 좋아.

 학습포인트!

Let's로 시작하는 권유문은 '~하자'라는 의미로 Let's 뒤에는 늘 동사원형이 옵니다. 대표적인 표현이 Let's go!(가자!) 많이 들어본 말이죠? Let's로 시작하는 권유문의 부정문은 '~하지 말자'라는 의미로 'Let's+not+동사원형'의 형태로 씁니다. 그런데 Let's ~로 권유를 받았을 땐 어떻게 대답해야 할까요? 가장 기본적인 형태는 Yes, let's. No, let's not입니다.

...은 ~해요

주어 + 동사 (1형식 문장)

▶ 녹음을 듣고 소리내어 읽어볼까요?

새들이 노래해요.

The birds sing.

더 버즈 씽.

*1형식 문장은 주어와 동사만으로도 말이 되는 문장이다

나는 잠을 많이 자요.

I sleep a lot.

아이 슬립 어 랏.

*1형식 동사들로는 go 가다, come 오다, return 돌아오다

아이가 울었어요.

The baby cried.

더 베이비 크라잇.

smile 미소 짓다, laugh 웃다, cry 울다, walk 걷다, run 달리다

그가 웃었어요.

He laughed.

히 랩트.

sleep 자다, swim 수영하다, travel 여행하다

우리는 모두 기도했어요.

We all prayed.

위 올 프레이드.

fly 날다, sing 노래하다, dance 춤추다 등이 있다

그 기계는 잘 작동해요.

The machine works well.

더 머신 웍스 웰.

말해볼까요?

A: # She smiled! She looked at me and smiled!

쉬 스마일드! 쉬 룩트 앳 미 앤 스마일드!

B: # So what?

쏘우 윗?

A: # I think she likes me.

아이 씽크 쉬 라익스 미.

B: # Dream on!

드림 온!

A: 그녀가 웃었어! 그녀가 날 보고 웃었다구!

B: 그래서 뭐?

A: 그녀가 날 좋아하는 것 같아.

B: 꿈 깨!

학습포인트!

모든 영어 문장은 딱 5가지 문장 형식으로 구분됩니다. 1형식은 주어와 동사만으로 이루어지는 가장 단순한 문장으로 '주어가 ~한다'라는 의미를 갖습니다. It's raining outside.(밖에 비오고 있어)은 1형식 문장입니다. 주어는 It, 동사(서술어)는 is raining, outside는 부사입니다. 여기서 꼭 알아야 할 것은 부사나 부사구는 문장형식에 포함되지 않는다는 것입니다.

Unit 18

...은 ~이에요[해요]

주어 + 동사 + 보어 (2형식 문장)

▶ 녹음을 듣고 소리내어 읽어볼까요?

나는 학생이에요.

I am a student.

아이 엠 어 스튜던트.

*2형식 문장에서 보어는 주어를 설명해주는 보충어로

그녀는 유명해요.

She is famous.

쉬 이즈 페이머스.

주어와 동사만으로는 무슨 말인지 알 수 없기 때문에

그는 의사예요.

He is a doctor.

히 이즈 어 닥터.

보충어를 써서 설명해주는 것으로

당신은 멍청하지 않아요.

You are **not** foolish.

유 알 낫 풀리쉬.

보어 자리에는 명사와 형용사만 올 수 있다

그들은 부유해요.

They are rich.

데이 알 리치.

그녀는 아름다워요.

She is beautiful.

쉬 이즈 뷰티풀.

말해볼까요?

A: **What exactly is your job?**

윗 이그젝틀리 이즈 유얼 잡?

B: **I am an actor.**

아이 엠 언 액터.

A: **What movie did you appear in?**

윗 무비 디쥬 어피어 인?

B: **Not yet.**

낫 옛.

A: 직업이 정확히 뭐예요?

B: 나는 배우예요.

A: 무슨 영화에 나왔어요?

B: 아직 없어요.

학습포인트!

2형식 문장은 기본적으로 '주어는 ~이다'라는 의미를 갖고 있고 '주어+동사+주격보어'의 형태로 씁니다. 주격보어는 주어를 보충해주는 설명으로 주격보어 자리에는 형용사와 명사가 올 수 있습니다. The exam was too difficult.(시험이 너무 어려웠어.) 주격보어 difficult가 주어 The exam이 어땠는지 설명해줍니다. 여기서 too는 부사이므로 문장형식에 들어가지 않습니다.

...은 ~을 ~해요

주어 + 동사 + 목적어 (3형식 문장)

▶ 녹음을 듣고 소리내어 읽어볼까요?

난 당신을 좋아해요.

I like you.

아이 라익 유.

*3형식의 핵심은 완전 타동사를 쓴다는 것인데,

나는 접시를 닦았어요.

I washed the dishes.

아이 워쉬트 더 디쉬즈.

완전타동사란 반드시 목적어를 필요로 하는 동사를 말한다

그녀는 쿠키를 만들었어요.

She made cookies.

쉬 메이드 쿠키스.

목적어는 대개 '~을, ~를'로 해석한다

그는 선물을 받았어요.

He took a gift.

히 툭 어 깁트.

그는 피아노를 쳤어요.

He played the piano.

히 플레이드 더 피애노우.

난 그 책을 갖고 싶어요.

I want the book.

아이 원ㅌ 더 북.

말해볼까요?

A: # He resembles his grandpa.
히 리젬블즈 히즈 그랜드파.

B: # Yes, I think so too.
예스, 아이 씽크 쏘우 투.

A: # He likes his grandpa.
히 라익스 히즈 그랜드파.

B: # His grandpa loves him too.
히즈 그랜드파 러브즈 힘 투.

A: 그는 할아버지를 닮았어요.
B: 맞아요, 나도 그렇게 생각해요.
A: 그는 할아버지를 좋아해요.
B: 할아버지도 그를 사랑해요.

 학습포인트!

3형식 문장은 기본적으로 '주어가 목적어를 ~한다'라는 의미를 갖고 있습니다. '주어+동사+목적어' 형태로 쓰는데 3형식에서 쓰는 동사는 타동사입니다. 동사의 종류는 자동사와 타동사가 있는데, 자동사는 목적어가 필요 없는 말이고 타동사는 목적어가 필요한 말이라고 이해하면 됩니다. I love you.(난 널 사랑해)에서 love는 목적어가 필요한 말이므로 타동사입니다.

Unit 20

...은 ~에게 ~을 ~해요
주어 + 동사 + 간접목적어 + 직접목적어 (4형식 문장)

▶ 녹음을 듣고 소리내어 읽어볼까요?

그는 나에게 책을 한 권 보여주었어요.

He showed me a book.
히 쇼우드 미 어 북.

*4형식에는 목적어가 두 개 등장하는데,

그녀는 나에게 쿠키를 만들어 주었어요.

She made me cookies.
쉬 메잇 미 쿠키스.

하나는 보통 '~에게'로 해석되는 간접목적어(IO)이고

그는 우리에게 영어를 가르쳐요.

He teaches us English.
히 티치즈 어스 잉글리쉬.

또 하나는 '~을, ~를'로 해석되는 직접목적어이다

그녀가 나에게 선물을 주었어요.

She gave me a gift.
쉬 게입 미 어 깁트.

그들은 그녀에게 차를 사주었어요.

They bought her a car.
데이 보웃 헐 어 카.

우리는 그녀에게 크리스마스카드를 보냈어요.

We sent her a Christmas card.
위 센트 헐 어 크리스머스 카드.

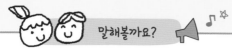
말해볼까요? ♪☆

A: He gave me a bunch of flowers. What does that mean?

히 게입 미 어 브런치 옵 플라워즈. 윗 더즈 댓 민?

B: That means he likes you.

댓 민즈 히 라익스 유.

A: He has a girlfriend, doesn't he?

히 해즈 어 걸프렌드, 더즌ㅌ 히?

B: No, he doesn't.

노우, 히 더즌ㅌ.

A: 그가 나에게 꽃 한 다발을 주었어요. 무슨 뜻일까요?

B: 그거야 널 좋아한다는 뜻이지.

A: 그는 여자친구 있잖아요?

B: 아뇨, 없어요.

학습포인트!

간접목적어는 '~에게'라는 뜻으로 대개 사람이고, 직접 목적어는 '~를'이라는 뜻으로 대개 사물입니다. 그래서 4형식 문장은 '~에게(사람) ~를(사물) 주다'라는 의미를 갖게 되는 것입니다. 동사에는 주로 '주다'라는 의미를 갖는 give(주다), buy(사주다), make(만들어주다), show(보여주다) 등의 수여동사가 쓰입니다.

He bought her a ring. (그는 그녀에게 반지를 사주었다.)

151

Unit 21

...은 ~인[하는] ~을 ~해요

주어 + 동사 + 목적어 + 목적보어 (5형식 문장)

▶ 녹음을 듣고 소리내어 읽어볼까요?

그녀는 나를 행복하게 해요.

She makes me happy.

쉬 메익스 미 해피.

*목적격보어는 목적어를 보충 설명해 주는 역할을 한다

그는 그녀를 돌게 만들었어요.

He made her crazy.

히 메잇 헐 크레이지.

*주어가 아닌 목적어가 주인공이 되는 문장이 5형식이다

나는 그가 친절하다고 생각해요.

I think him kind.

아이 씽크 힘 카인드.

우리는 UFO가 날아가는 것을 봤어요.

We saw a UFO flying.

위 쏘우 어 유에포 플라잉.

그들이 문을 연 채로 놔두었어요.

They left the door open.

데이 렙트 더 도어 오픈.

우리는 당신이 버스 정류장에 가는 것을 봤어요.

We saw you go to the bus stop.

위 쏘우 유 고우 투 더 버스 스탑.

152

A: Where is Jane? She was here just now.

웨얼 이즈 제인? 쉬 워즈 히얼 저숫 나우.

B: I saw her running a few minutes ago.

아이 쏘우 헐 러닝 어 퓨 미닛츠 어고우.

A: Which way?

위치 웨이?

B: Towards the main road.

투월즈 더 메인 로드.

A: 제인 어디 있지? 금방 여기 있었는데.

B: 조금 전에 그녀가 달려가는 걸 봤어.

A: 어느 쪽으로?

B: 큰길 쪽으로.

학습포인트!

영어의 5형식 중에서 가장 어렵고 가장 영어다운 것이 5형식 문장입니다. 2개의 문장을 접속사 없이 하나로 연결한 것이라고 생각하면 되는데 '주어가 ~한다 / 목적어가 목적격보어라고'라고 해석하면 쉽습니다. 영어가 쓰인 어순 그대로 이해하는 습관을 들이면 긴 문장이라도 쉽게 해석할 수 있고 영어식 사고방식을 기를 수 있습니다.

다시 시작하는
영어 첫걸음

PART 05

조동사

긍정문
부정문
의문문

1 조동사가 뭐야?

조동사는 말 그대로 **동사를 도와주는 말**로 동사만으로 뜻을 명확히 전달할 수 없을 때 조동사를 함께 사용합니다. 대표적인 조동사에는 **can**, **may**, **must**, **shall**, 앞서 배운 **will** 등이 있으며, 조동사의 용법으로 꼭 한 가지 알아둬야 할 사항은 조동사 뒤에는 반드시 **동사원형**이 온다는 것입니다.

2 가능과 허가를 나타내는 can

can 은 '~할 수 있다'라는 뜻으로 가능과 능력을 나타냅니다.

I **can** speak English. 나는 영어를 할 줄 압니다.

이 문장을 부정문으로 만들어 볼까요? 조동사가 있는 문장은 조동사 뒤에 not를 두면 부정문이 됩니다. can not은 2개의 단어를 연결하여 cannot으로 표기하며, 일반적으로 축약형인 can't가 많이 쓰입니다.

의문문으로 만들려면 어떻게 하면 될까요? 조동사가 있는 문장은 조동사를 주어 앞으로 가져오면 됩니다.

Can you speak English? 당신은 영어를 할 줄 아세요?

→ Yes, I **can**. / No, I **can't**.

can의 두 번째 의미는 '~해도 된다'라는 허가를 나타내기도 합니다.

You **can** borrow this book. 이 책을 빌려가도 괜찮습니다.

의문문은 '~해도 됩니까?'라는 뜻으로 허가를 구하는 표현이 됩니다.

Can I borrow this book? 이 책을 빌려가도 됩니까?

또한, can은 '~일(할)지도 모른다'라는 뜻으로 추측을 나타내기도 합니다.

It **can** be true. 그것은 사실일지도 모릅니다.
It **cannot** be true. 그것은 사실일 리가 없습니다.

can의 과거형 could는 본래 '~할 수 있었다'라는 과거의 일을 나타내지만, Could you~?라는 형태의 의문문은 '~해 주시겠습니까?'라는 정중한 의뢰를 나타냅니다.

Could you carry my baggage? 제 짐을 옮겨 주시겠습니까?

3 허가와 추측과 의무를 나타내는 may와 must

조동사 **may**가 가장 많이 쓰이는 것은 '~해도 됩니까?'의 뜻으로 허가를 구하는 May I ~? / May we ~?의 패턴입니다. Can I ~?도 허가를 구하는 표현이지만, May I ~?가 더 정중한 표현입니다.

May I sit here? 여기에 앉아도 되겠습니까?

또한 May I ~?의 질문에 대해서 Yes, you may. / No, you may not.이라고 대답하면 윗사람이 아랫사람에게 대해서 허가하는 듯한 뉘앙스가 되므로 이것을 피하기 위해 다음과 같이 대답합니다.

May I borrow this book? 이 책을 빌려가도 되겠습니까?

→ Certainly. / Sorry, but you can't.

may는 '~일(할)지도 모른다'라는 추측의 의미로도 많이 쓰입니다.

That **may** be a good idea. 그건 좋은 생각일지도 모릅니다.

must는 '~해야 한다'라는 의무와, '~임에 틀림없다'라는 강한 추측을 나타내기도 합니다.

You **must** follow the rules. 당신은 규칙을 지켜야 합니다.
Susan **must** be angry. 수잔은 화가 나 있음에 틀림없습니다.

may not도 '~하면 안 된다'라는 뜻으로 금지를 나타내지만, must not이 더 보다 강한 금지를 나타냅니다.

You **must not** smoke here. 여기서 담배를 피우면 안 됩니다.

4 의향과 권유와 의무를 나타내는 shall과 should

shall은 주로 Shall I ~?, Shall we ~?의 의문형으로 쓰이며, 의향이나 권유를 나타냅니다.

Shall I bring you something to drink? 마실 것을 드릴까요?
→ Yes, please. / No, thank you.

Shall we go out for a drink? 함께 마시러 갈래요?
→ Yes, let's. / No, let's not.

should는 '~해야 한다'와 '~하는 게 좋다'라는 의무를 나타냅니다.

We **should** work together. 우리는 협력해야 합니다.

should의 부정형 should not(shouldn't)은 '~하면 안 된다'라는 금지의 의미가 됩니다.

Unit 01

...은 ~할 수 있어요
주어 + can ~. (can 긍정문)

그녀는 춤 출 수 있어요.

She can dance.
쉬 캔 댄스.

can은 '~할 수 있다'는 가능의 뜻을 나타낸다

나는 운전할 수 있어요.

I can drive a car.
아이 캔 드라입 어 카.

*can은 조동사이므로 뒤에 동사원형이 와야 한다

그 아기는 말을 할 수 있어요.

The baby can speak.
더 베이비 캔 스픽.

우리는 수영을 아주 잘 해요.

We can swim very well.
위 캔 스윔 베리 웰.

그들은 아주 빨리 달릴 수 있어요.

They can run very fast.
데이 캔 런 베리 패슷.

그는 영어를 유창하게 말할 수 있어요.

He can speak English fluently.
히 캔 스픽 잉글리쉬 플루언틀리.

fluently 유창하게, 술술

말해볼까요?

A: I can swim. How about you?
아이 캔 스윔. 하우 어바웃 유?

B: I can swim, too.
아이 캔 스윔, 투.

A: Then let's go swimming.
덴 렛츠 고우 스위밍.

B: Shall we?
샬 위?

A: 난 수영할 수 있어. 넌?

B: 나도 수영할 수 있어.

A: 그럼 수영하러 가자.

B: 그럴까?

 학습포인트!

조동사 can은 일반적으로 능력과 가능을 나타내는 '~할 수 있다'와 허가를 나타내는 '~해도 좋다'는 의미를 갖고 있습니다. can을 비롯한 모든 조동사는 반드시 '조동사+동사원형'의 형태로 써야 합니다.

He can play the piano. (그는 피아노를 칠 수 있어.) — 능력, 가능

You can go home now. (이제 집에 가도 좋아.) — 허가

...은 ~할 수 없어요[못해요]

주어 + can't ~. (can 부정문)

 녹음을 듣고 소리내어 읽어볼까요?

그녀는 춤 못 춰요.

She can't dance.

쉬 캔ㅌ 댄스.

can't은 can not의 축약형이다

나는 운전 못해요.

I can't drive a car.

아이 캔ㅌ 드라립 어 카.

그 아기는 아직 말을 못해요.

The baby can't speak yet.

더 베이비 캔ㅌ 스픽 옛.

yet 아직

우리는 수영을 못해요.

We can't swim.

위 캔ㅌ 스윔.

그들은 빨리 달리지 못해요.

They can't run fast.

데이 캔ㅌ 런 패슷.

그는 영어를 유창하게는 말하지 못해요.

He can't speak English fluently.

히 캔ㅌ 스픽 잉글리쉬 플루언틀리.

A: Can you swim well?

캔 유 스윔 웰?

B: No, I can't swim at all.

노, 아이 캔ㅌ 스윔 앳 올.

A: Go to the beginner's class.

고우 투 더 비기너즈 클래스.

B: Where is it?

웨얼 이즈 잇?

A: 수영 잘 하세요?

B: 아뇨, 난 수영을 전혀 못해요.

A: 초급반으로 가세요.

B: 어딘데요?

학습포인트!

can의 부정형은 can 뒤에 부정어 not을 바로 붙여서(cannot) 쓰거나 can't로 줄여서 씁니다. '~할 수 없다', '~하면 안 돼'라는 의미 외에도 '~일 리가 없다(추측)'는 의미로 현재의 불가능한 상황을 표현합니다. I can't dance well.(나는 춤을 잘 못 춰) / You can't go out at night. (밤에 나가면 안 돼) / It can't be true.(그럴 리가 없어) You can't be hungry.(배고플 리가 없어) ─ 금방 밥 먹고 나서 배고프다고 할 때

Unit 03

...은 ~할 수 있어요?
Can + 주어 ~? (can 의문문)

▶ 녹음을 듣고 소리내어 읽어볼까요?

춤 출 수 있어요?

Can you dance?
캔 유 댄스?

*조동사 can의 의문문도 can을 문장 앞에 둔다

운전할 수 있어요?

Can you drive a car?
캔 유 드라입 어 카?

전화를 써도 될까요?

Can I use your phone?
캔 아이 유즈 유얼 포운?

펜 빌려줄 수 있어요?

Can I borrow your pen?
캔 아이 바로우 유얼 펜?

borrow 빌리다

그게 사실일까요?

Can it be true?
캔 잇 비 트루?

true 사실인, 참인

그들은 빨리 달릴 수 있을까요?

Can they run fast?
캔 데이 런 패슷?

말해볼까요?

A: **Can I take your chair?**
캔 아이 테익 유얼 체어?

B: **Yes, you can.**
예스, 유 캔.

A: **Thanks a lot.**
땡스 어 랏.

B: **You're welcome.**
유어 웰컴.

A: 의자를 가져가도 될까요?

B: 네, 그러세요.

A: 고마워요.

B: 천만에요.

학습포인트!

의문문을 만들 때 조동사가 있는 문장은 무조건 조동사를 주어 앞으로 보낸다고 생각하면 됩니다. 의문문은 '~해도 됩니까?'라는 뜻으로 허가를 구하는 표현으로 쓰이지만, can 의문문은 강한 의심을 나타내기도 합니다. Can it be true?(그게 사실일 수 있을까?)는 is it true?(정말이야?)보다 훨씬 강렬한 의심을 나타냅니다. 정말 믿을 수 없다는 뜻이고 그럴 가능성이 거의 없다고 생각한다는 뜻입니다.

...은 ~해도 돼요
주어 + may ~. (may 긍정문)

 녹음을 듣고 소리내어 읽어볼까요?

그것은 진실일지도 몰라요.

It may be true.
잇 메이 비 트루.

*may는 (가능성을 나타내어) ~일지도 모른다[~일 수도 있다]

아마 당신이 맞을 거예요.

You may be right.
유 메이 비 라잇.

right 옳은

그는 부자일지도 몰라요.

He may be rich.
히 메이 비 리치.

rich 부자

그녀는 아마 오늘 올 거예요.

She may come today.
쉬 메이 컴 투데이.

내 펜을 써도 돼요.

You may use my pen.
유 메이 유즈 마이 펜.

그는 아플지도 몰라요.

He may be sick.
히 메이 비 씩.

sick 아픈

말해볼까요?

A: You may use my car today.
유 메이 유즈 마이 카 투데이.

B: Really? Thank you very much, Mom!
리얼리? 땡큐 베리 머치, 맘!

A: Drive carefully!
드라입 케어플리!

B: Don't worry about it.
돈트 워리 어바웃 잇.

A: 오늘은 내 차를 써도 돼.

B: 정말요? 정말 고마워요, 엄마!

A: 운전 조심해.

B: 걱정 마세요.

학습포인트!

조동사 may는 허가의 용법으로도 쓰이지만, may 긍정문에는 불확실한 추측과 기원의 의미로도 쓰입니다. may는 50% 정도의 가능성이 있는 현재의 일반적인 추측을 나타냅니다.

You may use my pen. (내 펜을 써도 돼) — 허가

He may be sick. (그는 아플지도 몰라.) — 불확실한 추측

May she live long! (오래 살게 하소서!) — 기원

...은 ~하면 안 돼요
주어 + may not ~. (may 부정문)

▶ 녹음을 듣고 소리내어 읽어볼까요?

그것은 진실이 아닐지도 몰라요.

It may not be true.
잇 메이 낫 비 트루.

may의 부정형은 may not

당신이 옳지 않을지도 몰라요.

You may not be right.
유 메이 낫 비 라잇.

*may의 과거형은 might

그는 부자가 아닐지도 몰라요.

He may not be rich.
히 메이 낫 비 리치.

그녀는 아마 오늘 오지 않을 거예요.

She may not come today.
쉬 메이 낫 컴 투데이.

내 펜을 쓰면 안 돼요.

You may not use my pen.
유 메이 낫 유즈 마이 펜.

그것을 변경하면 안 돼요.

You may not change it.
유 메이 낫 체인지 잇.

말해볼까요?

A: **You may not believe it, but that's true.**
유 메이 낫 빌리브 잇, 벗 댓츠 트루.

B: **That's awful.**
댓츠 워풀.

A: **You may not leave the house.**
유 메이 낫 리브 더 하우스.

B: **Until when?**
언틸 웬?

A: 믿지 않을지 모르지만, 그것은 사실이에요.

B: 세상에!

A: 집을 떠나면 안 돼요.

B: 언제까지요?

 학습포인트!

may not은 '~하지 마' '~하면 안 돼'라는 뜻으로 쓰는데 must not 보다 금지의 의미가 약해서 '~하지 않았으면 좋겠다'는 정도의 느낌을 주는 부드러운 금지 표현입니다.

You may not leave here until you finish your homework.(숙제 끝낼 때까지 여기서 떠나면 안 돼.)

...은 ~ 해도 될까요?
May I ~? (may 의문문)

▶ 녹음을 듣고 소리내어 읽어볼까요?

도와드릴까요?

May I help you?
메이 아이 핼프 유?

may (허락을 나타내어) ~해도 되다[좋다]

들어가도 될까요?

May I come in?
메이 아이 컴 인?

외출해도 될까요?

May I go out?
메이 아이 고우 아웃?

May I + 동사원형 ~? ~해도 될까요?

창문 열어도 될까요?

May I open the window?
메이 아이 오픈 더 윈도우?

이 펜을 사용해도 되나요?

May I use this pen?
메이 아이 유즈 디스 펜?

이름을 물어봐도 될까요?

May I ask your name?
메이 아이 애슥 유얼 네임?

말해볼까요?

A: **May I open the window?**

메이 아이 오픈 더 윈도우?

B: **Yes, you may.**

예스, 유 메이.

A: **May I use your phone?**

메이 아이 유즈 유얼 포운?

B: **No, you may not.**

노우, 유 메이 낫.

A: 창문을 열어도 될까요?

B: 네, 그러세요.

A: 전화 좀 써도 될까요?

B: 아뇨, 안 돼요.

학습포인트!

조동사 may로 시작하는 의문문은 '~해도 될까요?'라고 상대방의 허락을 구하거나 뭔가를 요청할 때 쓸 수 있는 부드럽고 공손한 표현입니다. 흔히 might를 사용해야 공손하고 격식 있는 표현이 된다고 생각하기 쉬운데 실생활에서 might로 시작하는 의문문은 거의 사용하지 않습니다. May I help you?(도와드릴까요?) / May I go now?(지금 가도 될까요?)

...은 ~해야 해요
주어 + must ~. (must 긍정문)

▶ 녹음을 듣고 소리내어 읽어볼까요?

당신 전화를 써야겠어요.
I must use your phone.
아이 머슷 유즈 유얼 포운.

must ~해야 한다, ~하지 않으면 안 된다

나는 그에게 꼭 카드를 보내야 해요.
I must send him a card.
아이 머슷 샌드 힘 어 카드.

send 보내다

빨간불일 때는 멈춰야 해요.
You must stop at a red light.
유 머슷 스탑 앳 어 레드 라잇.

그들은 즉시 행동해야 해요.
They must act immediately.
데이 머슷 액트 이미디엇틀리.

immediately 즉시, 즉각적으로

제 시간에 도착해야 해요.
We must arrive on time.
위 머슷 어라입 온 타임.

arrive 도착하다

벌써 점심시간이 된 게 틀림없어요.
It must be lunch time already.
잇 머슷 비 런치 타임 얼레디.

already 벌써, 이미

A: We must eat to live.

위 머슷 잇 투 립.

B: Right you are. Let's go and have something delicious.

라잇 유 알. 렛츠 고 앤 햅 썸씽 딜리셔스.

A: There's a good restaurant nearby.

데얼즈 어 굿 레스터런트 니어바이.

B: That sounds good!

댓 사운즈 굿!

A: 우리는 살기 위해 먹어야 해.

B: 옳으신 말씀! 맛있는 거 먹으러 가자.

A: 근처에 맛집 있어.

B: 좋아!

학습포인트!

must는 다양한 의미로 많이 쓰이는 조동사입니다. 기본적으로 의무나 필요성을 말할 때 '~해야 한다'는 의미로 사용하고, '~임에 틀림없다, ~인 것이 분명해'라는 강한 추측을 나타낼 때도 사용합니다.

You must drive carefully. (조심히 운전해야 해.) — 의무, 필요성

It must have rained last night. (간밤에 비가 온 게 분명해.) — 강한 추측

...은 ~하면 안 돼요
주어 + must not[mustn't] ~. (must 부정문)

 녹음을 듣고 소리내어 읽어볼까요?

내 전화를 쓰면 안 돼요.

You must not use my phone.

유 머슷 낫 유즈 마이 포운.

must의 부정형은 must not

그들은 즉시 행동하면 안 돼요.

They must not act immediately.

데이 머슷 낫 액트 이미디엇틀리.

그걸 하면 안 돼요!

You mustn't do that!

유 머슨ㅌ 두 댓!

우리는 시간을 낭비하면 안 돼요.

We mustn't waste time.

위 머슨ㅌ 웨이슷 타임.

waste 낭비하다, 허비하다

도서관에서 떠들면 안 돼요.

You must not speak in the library.

유 머슷 낫 스픽 인 더 라이브러리.

library 도서관

그에게 카드를 보내면 안 돼요.

You must not send him a card.

유 머슷 낫 센드 힘 어 카드.

172

말해볼까요?

A: You must not press the key.

유 머슷 낫 프레스 더 키.

B: Oh, I'm sorry. I didn't know.

오, 아임 쏘리. 아이 디든ㅌ 노우.

A: You must not go inside.

유 머슷 낫 고우 인사이드.

B: Why not?

와이 낫?

A: 그 키를 누르시면 안 됩니다.

B: 앗, 미안해요. 몰랐어요.

A: 안으로 들어가면 안 됩니다.

B: 왜 안 돼요?

 학습포인트!

must가 ① 의무, 필요성 ② 강한 추측을 나타내는 표현이라면 must의 부정 표현인 must not은 ②가 아니라 ①의 의미만을 부정하는 표현입니다. 하지 말아야 할 의무, 즉 강력한 금지를 나타냅니다. 이처럼 ②의 강한 추측을 부정하고 싶을 때는 cannot을 사용합니다.

You must not leave the door open. (문을 열어 놓으면 안 돼.)

...은 ~해야 해요?

Must + 주어 ~? (must 의문문)

▶ 녹음을 듣고 소리내어 읽어볼까요?

내가 그 사람을 만나야 해요?

Must I see him?

머슷 아이 씨 힘?

*조동사 must의 의문문도 문장 맨 앞에 must를 둔다

당신은 일찍 일어나야 해요?

Must you get up early?

머슷 유 겟 업 얼리?

우리는 지금 가야 해요?

Must we go now?

머슷 위 고우 나우?

그녀는 수학을 공부해야 해요?

Must she study math?

머슷 쉬 스터디 매쓰?

math 수학

그들은 빨간불일 때 멈춰야 해요?

Must they stop at a red light?

머슷 데이 스탑 앳 어 레드 라잇?

red light 빨간신호등[정지신호]

내가 그걸 그에게 요청해야 해요?

Must I ask him that?

머슷 아이 애슥 힘 댓?

A: **Must I ask him that?**
머슷 아이 애슥 힘 댓?

B: **No, you must not tell him.**
노우, 유 머슷 낫 텔 힘.

A: **What must we do?**
윗 머슷 위 두?

B: **Let's think for a second.**
렛츠 씽크 풔 어 세컨드.

A: 내가 그에게 물어봐야 해?

B: 아니야, 그에게 말하면 안 돼.

A: 우린 뭘 해야 돼?

B: 잠깐 생각 좀 해 보자.

학습포인트!

must로 시작하는 의문문은 '주어는 ~해야 하니?'라는 의미로 의무에 관한 것, 반드시 해야만 하는 것에 대해 물을 때 씁니다. must의 의문문은 하지 않았다가는 큰일 날 것 같은 느낌, 강제와 강요의 느낌이 강하기 때문에 must를 사용한 긍정문을 의문문으로 바꿀 때는 대부분 have to로 바꿔서 부드럽게 표현합니다.

Unit 10

...은 ~해야 해요
주어 + have to ~. (have to 긍정문)

▶ 녹음을 듣고 소리내어 읽어볼까요?

당신 전화를 써야겠어요.

I have to use your phone.
아이 햅 투 유즈 유얼 포운.

have to (의무를 나타내어) ~해야 한다

나는 그에게 꼭 카드를 보내야 해요.

I have to send him a card.
아이 햅 투 샌드 힘 어 카드.

빨간불일 때는 멈춰야 해요.

You have to stop at a red light.
유 햅 투 스탑 앳 어 레드 라잇.

↔ green light 파란불

나는 여섯 시에 일어나야 해요.

I have to get up at six.
아이 햅 투 겟 업 앳 식스.

그들은 즉시 행동해야 해요.

They have to act immediately.
데이 햅 투 액트 이미디엇틀리.

우리는 제 시간에 도착해야 해요.

We have to arrive on time.
위 햅 투 어라입 온 타임.

176

학습일 / □

A: We have to arrive on time.

위 햅 투 어라입 온 타임.

B: Don't worry. We have plenty of time.

돈ㅌ 워리. 위 햅 플랜티 옵 타임.

A: These days it's always rush hour.

디즈 데이즈 잇츠 올웨이즈 러시 아워.

B: We have to take a shortcut.

위 햅 투 테익 어 숏컷.

A: 시간에 늦지 않게 도착해야 해요.

B: 걱정 마세요. 시간 충분해요.

A: 요즘은 러시아워가 따로 없어요.

B: 지름길로 가야 해요.

학습포인트!

have to는 '~해야 한다'는 의무의 의미로 사용된다는 점에서는 앞서 배운 must와 같지만 must에 비해 의무의 정도가 약하고, must는 말하는 사람의 의지가 많이 들어있는 반면, have to는 외부 요인에 의해 의무가 발생한다고 볼 수 있습니다. 그리고 must는 어형 변화가 없기 때문에 과거 시제나 미래시제, 완료형으로 의무를 나타낼 때는 must 대신 have to를 씁니다.

...은 ~할 필요 없어요

주어 + don't have to ~. (have to 부정문)

▶ 녹음을 듣고 소리내어 읽어볼까요?

당신 전화를 쓸 필요 없어요.

I don't have to use your phone.

아이 돈ㅌ 햅 투 유즈 유얼 포운.

don't have to ~하지 않아도 되다[~할 필요 없다]

나는 그에게 카드를 보낼 필요 없어요.

I don't have to send him a card.

아이 돈ㅌ 햅 투 샌드 힘 어 카드.

당신은 제 시간에 도착할 필요 없어요.

You don't have to arrive on time.

유 돈ㅌ 햅 투 어라입 온 타임.

파란불일 때는 멈출 필요 없어요.

You don't have to stop at a green light.

유 돈ㅌ 햅 투 스탑 앳 어 그린 라잇.

그들은 즉시 행동할 필요 없어요.

They don't have to act immediately.

데이 돈ㅌ 햅 투 액트 이미디엇틀리.

나는 여섯 시에 일어날 필요 없어요.

I don't have to get up at six.

아이 돈ㅌ 햅 투 겟 업 앳 식스.

A: # I think he's angry. What should I do now?

아이 씽크 히즈 앵그리. 웟 슈드 아이 두 나우?

B: # Yeah, look, you don't have to apologize to him.

예어, 룩, 유 돈ㅌ 햅 투 어팔러자이즈 투 힘.

A: # I have to apologize to him.

아이 햅 투 어팔러자이즈 투 힘.

B: # No! Never apologize!

노우! 네버 어팔러자이즈!

A: 그가 화난 것 같아요. 이제 어떡하죠?

B: 그래, 있잖아, 네가 그에게 사과할 필요는 없어.

A: 사과해야 해요.

B: 안 돼! 절대로 사과하지 마!

학습포인트!

must의 부정어인 must not이 '강력한 금지 의무'를 나타내는 것에 비해 do not have to는 '불필요'를 나타냅니다. must not은 '하지 마! 안 돼!' 라는 뜻이지만 don't have to는 '~할 필요 없어, ~하지 않아도 돼'라는 뜻인 거죠. You must not press the key. (키를 누르면 안 돼.)
You don't have to press the key. (키를 누를 필요 없어.)

...은 ~해야 해요?

Do[Does] +주어 + have to ~? (have to 의문문)

 녹음을 듣고 소리내어 읽어볼까요?

내가 그 사람을 만나야 해요?

Do I have to see him?

두 아이 햅 투 씨 힘?

*have to 의문문은 주어의 인칭에 따라 문장 앞에 Do[Does]를 둔다

그녀는 수학을 공부해야 해요?

Does she have to study math?

더즈 쉬 햅 투 스터디 매쓰?

당신은 일찍 일어나야 해요?

Do you have to get up early?

두 유 햅 투 겟 업 어얼리?

그는 제 시간에 도착해야 해요?

Does he have to arrive on time?

더즈 히 햅 투 어라입 온 타임?

그에게 카드를 보내야 해요?

Do I have to send him a card?

두 아이 햅 투 샌드 힘 어 카드?

빨간불일 때는 멈춰야 해요?

Do we have to stop at a red light?

두 위 햅 투 스탑 앳 어 레드 라잇?

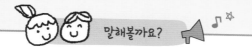
말해볼까요?

A: **Do I have to ask him that?**

두 아이 햅 투 애슥 힘 댓?

B: **No, you don't.**

노, 유 돈ㅌ.

A: **Do I have to be there?**

두 아이 햅 투 비 데얼?

B: **Yes, you have to be there by noon.**

예스, 유 햅 투 비 데얼 바이 눈.

A: 내가 그걸 그에게 물어봐야 해?

B: 아니, 그럴 필요 없어.

A: 내가 거기 있어야 돼?

B: 그래, 정오까지 그곳에 도착해야 해.

학습포인트!

have to를 사용한 의문문은 문장 맨 앞에 do/does를 써서 만듭니다. must를 사용한 긍정문을 의문문으로 바꿀 때도 have to 표현을 사용하는 것이 일반적입니다. '주어가 ~을 꼭 해야 해?'라는 의미로 반드시 해야 할 의무나 필요성이 있는지 묻는다는 점에서는 must와 같지만 강제적인 의미는 must에 비해 약한 표현입니다.

다시 시작하는
영어 첫걸음

P A R T 06

비교급과 최상급
it의 용법

기초 영문법 따라잡기

1 동등비교(= 원급비교)

> **as** + 형용사/부사 + **as** ~

'~만큼 …하다'라는 뜻으로 서로 동등하거나 비슷한 것을 비교하는 것을 동등비교 또는 원급비교라고 해요. 비교급 -er이나 more 를 쓰지 않고, 형용사/부사의 원급으로 쓰기 때문이죠. 뒤에 오는 비교대상은 주격으로 써야 해요.

He is as tall as I.

원래 I am tall.에서 am tall이 생략된 형태니까요.

소유격에서 약간 헷갈릴 수 있지만 그것도 원리만 이해하면 간단해요.

My car is as expensive as yours.

주격이 아닌 것 같죠? 왜일까요? 원래는 your car니까 yours가 된 거예요.

2 비교급과 최상급

비교급의 기본 패턴은 '비교급 + than'이에요. '~보다 더'라는 뜻이죠. 그리고 최상급의 기본 패턴은 '가장 ~한'이라는 뜻의 'the + 최상급'이에요.

3 비교급, 최상급을 만드는 방법

❶ 일반적으로 형용사와 부사의 원급에 -er, -est를 붙여서 비교급과 최상급을 만들어요.

tall - taller - tallest   fast - faster - fastest

❷ e로 끝나는 형용사와 부사는 e를 빼고 -r, -st만 붙여요.

cute - cuter - cutest   large - larger - largest

❸ 단모음+단자음으로 끝나는 형용사와 부사는 마지막 자음을 하나 더 쓰고 -er, -est를 붙여요.

thin - thinner - thinnest   big - bigger - biggest

❹ 자음+y로 끝나는 형용사와 부사는 y를 i로 바꾸고 -er, -est를 붙여요.

easy - easier - easiest   pretty - prettier - prettiest

⑤ 어미가 -ful, -able, -less, -ous, -ish, -ing, -ly, -ive 등으로 끝나는 2음절 단어와 3음절어 이상의 형용사나 부사는 more + 원급, most + 원급으로 써요.

diligent - more   diligent - most diligent

important - more   important - most important

4 it의 용법

it은 정말 어마어마하게 다양한 용도로 쓰여요. 물론 it의 기본적인 뜻은 '그것'이에요. 앞에 말한 명사를 대신하는 대명사죠.

There is a pen on the table. It is mine.
식탁 위에 펜이 하나 있어요. 그건 내 거예요. (= the pen)

그렇다고 단순히 한 단어만 대신하냐? 그렇지 않아요. it은 앞에 나온 긴 내용을 한꺼번에 받아주는 역할도 해요.

Beauty is everywhere and it is a source of joy.
(= Beauty is everywhere)
아름다움은 도처에 있고, 그것은 기쁨의 원천이 된다.

5 비인칭 주어 it

날짜, 요일, 시간, 날씨, 거리, 계절, 명암 등을 나타낼 때는 비인칭 주어 it을 써요. 그럴 땐 아무 뜻도 없기 때문에 '그것'이라고 따로 해석하지 않아요.

It is spring now. 지금은 봄이에요.

6 가주어 it, 가목적어 it

주어나 목적어가 구나 절이라서 너무 긴 경우에는 it을 형식적인 주어나 목적어로 사용해요.

It is not easy to study English. 영어를 공부하는 것은 쉽지 않아요.

I found it difficult to solve the problem.
나는 그 문제를 해결하기 어렵다는 것을 알았어요.

Unit 01

...은 ~만큼 ...해요

… as 형용사[부사] as ~. (동등비교/원급비교)

▶ 녹음을 듣고 소리내어 읽어볼까요?

나는 당신만큼 부자예요.

I am as rich as you.

아이 엠 애즈 리치 애즈 유.

*'~만큼 …하다'라는 뜻으로 서로 동등하거나 비슷한 것을 비교한다

그는 나만큼 키가 커요.

He is as tall as me.

히 이즈 애즈 톨 애즈 미.

*형용사/부사의 원급으로 쓰기 때문이 원급비교라고도 한다

나도 당신만큼 오래 잤어요.

I slept as long as you.

아이 슬랩 애즈 롱 애즈 유.

그녀는 제인만큼 예뻐요.

She is as pretty as Jane.

쉬 이즈 애즈 프리티 애즈 제인.

pretty 예쁜, 귀여운

바닐라는 초콜릿만큼 달아요.

Vanilla is as sweet as chocolate.

바닐라 이즈 애즈 스윗 애즈 초콜릿.

파리는 서울만큼 커요.

Paris is as big as Seoul.

패리스 이즈 애즈 빅 애즈 서울.

big 큰

말해볼까요?

A: **Today is as cold as yesterday.**
투데이 이즈 애즈 콜드 애즈 예스터데이.

B: **I just hope spring comes soon!**
아이 저슷 홉 스프링 컴즈 쑨!

A: **My padded jacket is very warm.**
마이 패더드 재킷 이즈 베리 웜.

B: **My parka is as warm as yours.**
마이 파커 이즈 애즈 웜 애즈 유얼즈.

A: 오늘도 어제만큼이나 춥네요.

B: 난 그냥 봄이 빨리 왔으면 좋겠어요!

A: 내 패딩은 아주 따뜻해요.

B: 내 파카도 못지않게 따뜻해요.

 학습포인트!

원급은 형용사 또는 부사의 기본 형태를 말합니다. 그러므로 동등비교 또는 원급비교란 비교급도 아니고 최상급도 아닌 원급끼리 as ~ as를 통해 비교 표현하는 것입니다. '~만큼 …하다'라는 의미를 갖는데 앞에 쓰인 as 는 비교 표현을 한다는 표시 역할을 합니다. 'as ~ as 주어+동사'도 되고, 'as ~ as 목적격'도 되지만 일반적으로 'as ~ as 목적격'을 많이 씁니다.

...은 ~만큼 ...합니까?

··· as 형용사[부사] as ~? (동등비교의 의문문)

▶ 녹음을 듣고 소리내어 읽어볼까요?

당신은 톰만큼 부자입니까?

Are **you** as rich as **Tom?**

알 유 애즈 리치 애즈 탐?

rich 부자인

그는 나만큼 키가 큰가요?

Is **he** as tall as **me?**

이즈 히 애즈 톨 애즈 미?

당신도 수잔만큼 오래 잤어요?

Did **you sleep** as long as **Susan?**

디쥬 슬립 애즈 롱 애즈 수잔?

그녀는 제인만큼 예뻐요?

Is **she** as pretty as **Jane?**

이즈 쉬 애즈 프리티 애즈 제인?

바닐라는 초콜릿만큼 달아요?

Is **vanilla** as sweet as **chocolate?**

이즈 바닐라 애즈 스윗 애즈 초콜릿?

파리는 서울만큼 커요?

Is **Paris** as big as **Seoul?**

이즈 패리스 애즈 빅 애즈 서울?

A: **Can you run as fast as Jim?**
캔 유 런 애즈 패슷 애즈 짐?

B: **Yes, I can run as fast as him.**
예스, 아이 캔 런 애즈 패슷 애즈 힘.

A: **Is Tom as tall as Jim?**
이즈 탐 애즈 톨 애즈 짐?

B: **Yes, he is.**
예스, 히 이즈.

A: 당신은 짐만큼 빨리 달릴 수 있나요?
B: 예, 그만큼 빨리 달리 수 있어요.
A: 탐은 짐만큼 키가 커요?
B: 네.

 학습포인트!

동등비교 의문문은 '주어가 ~만큼 …하니?'라는 의미를 갖습니다. 만드는 방법은 앞에서 배운 것처럼 be동사를 사용한 문장에서는 be동사를 앞으로 내보내고, 일반동사를 사용한 문장에서는 do동사를 앞으로 내보내면 됩니다. 물론 be동사든 do동사든 앞으로 내보낼 때는 현재인지 과거인지 미래인지 시제를 맞춰줘야 합니다.

189

...은 ~만큼 ...하지 않아요

··· not as 형용사[부사] as ~. (동등비교 부정문)

▶ 녹음을 듣고 소리내어 읽어볼까요?

나는 당신만큼 부자가 아니에요

I am not as rich as you.

아이 엠 낫 애즈 리치 애즈 유.

그는 나만큼 크지 않아요.

He is not as tall as me.

히 이즈 낫 애즈 톨 애즈 미.

그녀는 제인만큼 예쁘지 않아요.

She is not as pretty as Jane.

쉬 이즈 낫 애즈 프리티 애즈 제인.

바닐라는 초콜릿만큼 달지 않아요.

Vanilla is not as sweet as chocolate.

바닐라 이즈 낫 애즈 스윗 애즈 초콜릿.

서울은 뉴욕만큼 크지 않아요.

Seoul is not as big as New York.

서울 이즈 낫 애즈 빅 애즈 뉴욕.

나는 그를 당신만큼 사랑하지 않아요.

I don't like him as much as you.

아이 돈ㅌ 라익 힘 애즈 머치 애즈 유.

190

말해볼까요?

A: **Wow! Jack is really tall, isn't he?**

와우! 잭 이즈 리얼리 톨, 이즌ㅌ 히?

B: **Yes, but he is not as tall as Michael Jordan.**

예스, 벗 히 이즈 낫 애즈 톨 애즈 마이클 조던.

A: **He's a basketball player.**

히즈 어 배스킷볼 플레이어.

B: **I'm just saying.**

아임 저슷 세잉.

A: 와! 잭은 키가 정말 크네요, 그쵸?

B: 네, 하지만 그는 마이클 조던만큼 키가 크지 않아요.

A: 그는 농구선수잖아요.

B: 말하자면 그렇다고요.

 학습포인트!

as ~ as 부정문은 '~만큼 …하지 않다, ~만큼 …아니다'라는 의미를 갖습니다. 부정문을 만들 때는 앞에서 배운 동등비교 표현 앞에 not 을 붙이기만 하면 됩니다. as ~ as 부정문은 so ~ as로 쓸 수도 있습니다. 즉, not as ~ as도 되고, not so ~ as도 되는 셈입니다.

I'm not as stupid as Tom. = I'm not so stupid as Tom.

(나는 탐만큼 어리석지 않습니다.)

191

...은 ~만큼 ...하지 않나요?

··· not as 형용사[부사] as ~? (동등비교 부정의문문)

▶ 녹음을 듣고 소리내어 읽어볼까요?

그는 당신만큼 부자가 아닌가요?

Isn't **he** as rich as **you?**
이즌ㅌ 히 애즈 리치 애즈 유?

그는 톰만큼 크지 않나요?

Isn't **he** as big as **Tom?**
이즌ㅌ 히 애즈 빅 애즈 탐?

그녀는 제인만큼 예쁘지 않나요?

Isn't **she** as pretty as **Jane?**
이즌ㅌ 쉬 애즈 프리티 애즈 제인?

바닐라는 초콜릿만큼 달지 않나요?

Isn't **vanilla** as sweet as **chocolate?**
이즌ㅌ 바닐라 애즈 스윗 애즈 초콜릿?

서울은 뉴욕만큼 크지 않나요?

Isn't **Seoul** as big as **New York?**
이즌ㅌ 서울 애즈 빅 애즈 뉴욕?

그는 나를 당신만큼 사랑하지 않나요?

Doesn't **he love me** as much as **you?**
더즌ㅌ 히 럽 미 애즈 머치 애즈 유?

A: **Isn't she as pretty as Jane?**

이즌ㅌ 쉬 애즈 프리티 애즈 제인?

B: **Well, I'm not sure.**

웰, 아임 낫 슈얼.

A: **I ran into her this morning, she was really pretty!**

아이 랜 인투 헐 디스 모닝, 쉬 워즈 리얼리 프리티!

B: **So what?**

쏘우 왓?

A: 그녀는 제인만큼 예쁘지 않니?

B: 글쎄, 잘 모르겠어.

A: 오늘 아침에 마주쳤는데 정말 예뻤어!

B: 그래서 어쩌라고?

학습포인트!

동등비교 부정의문문은 '주어가 ~만큼 …하지 않니?' '주어가 ~만큼 …아니야?'라고 부정적으로 물어보는 표현입니다. 만드는 방법은 앞에서 배운 동등비교 의문문과 똑같습니다. 다만 be동사 또는 do동사를 부정형으로 바꿔주기만 하면 됩니다. 동등비교 의문문이 그냥 궁금해서 묻는 느낌이라면 동등비교 부정의문문은 자기 생각을 확인하는 느낌입니다.

...은 ~보다 더 ~해요
··· -er than ~. (비교급)

▶ 녹음을 듣고 소리내어 읽어볼까요?

나는 당신보다 더 부자예요.
I am richer than you.
아이 엠 리치어 댄 유.

*비교급의 기본 패턴은 '비교급 + than(~보다 더)이다

그는 나보다 키가 더 커요.
He is taller than me.
히 이즈 톨러 댄 미.

*비교급은 형용사와 부사의 원급에 -er을 붙인다

나는 당신보다 더 오래 잤어요.
I slept longer than you.
아이 슬랩 롱거 댄 유.

그녀는 제인보다 더 예뻐요.
She is prettier than Jane.
쉬 이즈 프리티어 댄 제인.

바닐라는 초콜릿보다 더 달아요.
Vanilla is sweeter than chocolate.
바닐라 이즈 스위터 댄 초콜릿.

*자음+y로 끝나는 형용사와 부사는 y를 i로 바꾸고 -er을 붙인다

뉴욕은 서울보다 더 커요.
New York is bigger than Seoul.
뉴욕 이즈 비거 댄 서울.

A: **I can run faster than Bolt.**

아이 캔 런 패스터 댄 볼트.

B: **Such a liar.**

서치 어 라이어.

A: **Anyway, I'm faster than you.**

애니웨이, 아임 패스터 댄 유.

B: **Do you want to bet?**

두 유 원투 벳?

A: 나는 볼트보다 더 빨리 달릴 수 있어.

B: 뻥치시네.

A: 아무튼 너보단 빨라.

B: 내기할래?

 학습포인트!

비교급 형용사(larger, smaller, faster, higher)는 2개의 명사가 비교되는 문장에서 '명사(주어)+동사+비교급 형용사+than+명사(목적어)'의 패턴으로 사용됩니다. 비교급을 만들 때는 대개 1음절 형용사에는 –er을 붙이고, 2음절을 가진 형용사는 -er을 붙이거나 more를 형용사 앞에 둡니다. 그러나 3음절 이상의 형용사는 형용사 앞에 more를 둡니다.

Unit 06

...은 ~보다 더 ~해요?

··· -er than ~? (비교급 의문문)

▶ 녹음을 듣고 소리내어 읽어볼까요?

당신은 나보다 더 부자예요?

Are **you** richer than **me?**

알 유 리치어 댄 미?

그녀는 제인보다 더 예뻐요?

Is **she** prettier than **Jane?**

이즈 쉬 프리티어 댄 제인?

바닐라는 초콜릿보다 더 달아요?

Is **vanilla** sweeter than **chocolate?**

이즈 바닐라 스위터 댄 초콜릿?

뉴욕은 서울보다 더 커요?

Is **New York** bigger than **Seoul?**

이즈 뉴욕 비거 댄 서울?

*단모음+단자음으로 끝나는 형용사와 부사는

톰과 짐 중에 누가 더 젊어요?

Who **is** younger, Tom or Jim?

후 이즈 영거, 탐 오어 짐?

마지막 자음을 하나 더 쓰고 -er을 붙인다

달과 지구 중에 어느 것이 더 커요?

Which **is** bigger, the moon or the earth?

위치 이즈 비거, 더 문 오어 디 어쓰?

말해볼까요?

A: **Are you taller than Tom?**
알 유 톨러 댄 탐?

B: **No, he is taller than me.**
노, 히 이즈 톨러 댄 미.

A: **Is Tom taller than Jim?**
이즈 탐 톨러 댄 짐?

B: **No, he's taller than me but shorter than Jim.**
노우 히즈 톨러 댄 미 벗 쇼터 댄 짐.

A: 당신은 탐보다 키가 더 커요?

B: 아뇨, 그가 나보다 키가 더 커요.

A: 탐은 짐보다 키가 더 커요?

B: 아뇨, 그는 나보다는 크지만 짐보다는 작아요.

학습포인트!

비교급 의문문은 2개의 명사가 비교되는 문장에서 '주어가 ~보다 더 ~해요?'라고 묻는 표현입니다. be동사 문장에서는 be동사를 앞으로 내보내고, 일반동사 문장에서는 do동사를 앞으로 내보내서 의문문을 만드는 것은 이제 문제없죠? 비교급 의문문에서는 who나 which 등의 의문사를 이용해서 의문문을 만들 수도 있습니다.

Who is younger, Tom or Jim? (톰과 짐 중에 누가 더 어리니?)

▶ 녹음을 듣고 소리내어 읽어볼까요?

나는 우리 반에서 가장 키가 커요.

I am the tallest in my class.

아이 엠 더 톨리스트 인 마이 클래스.

*최상급의 기본 패턴은 '가장 ~한'이라는 뜻의 'the + 최상급'이다

그는 정말 사랑스러운 소년이에요.

He is the sweetest boy.

히 이즈 더 스위티스트 보이.

*형용사와 부사의 원급에 -est을 붙인다

그는 세계에서 가장 부유한 사람이에요.

He is the richest man in the world.

히 이즈 더 리치스트 맨 인 더 월드.

그 장미는 내 정원에서 가장 예쁜 꽃이에요.

The rose is the prettiest flower in my garden.

더 로즈 이즈 더 프리티스트 플라워 인 마이 가든.

가장 짧은 쾌락이 가장 달콤하다.(속담)

The shortest pleasures are the sweetest.

더 쇼티스트 플레줘즈 알 더 스위티스트.

그녀는 모든 소녀들 중에서 가장 노래를 잘해요.

She sings best of all the girls.

쉬 싱즈 베스트 옵 올 더 걸스.

*2음절 단어와 3음절어 이상일 경우는 more, most + 원급을 쓴다

말해볼까요?

A: **Do you know Usain Bolt of Jamaica?**

두 유 노우 우사인 볼트 옵 자메이카?

B: **Sure. He is the fastest man in the world.**

슈얼. 히 이즈 더 패스티스트 맨 인 더 월드.

A: **He's really cool.**

히즈 리얼리 쿨.

B: **I really like him, too.**

아이 리얼리 라익 힘, 투.

A: 자메이카의 우사인 볼트를 아세요?

B: 물론이죠. 그는 세상에서 가장 빠른 사람이에요.

A: 그는 정말 멋져요.

B: 나도 그를 정말 좋아해요.

학습포인트!

최상급은 셋 이상의 것을 비교할 때 사용합니다. '~중에서 가장 …하다'는 의미를 갖고 있습니다. 주로 '명사(주어)+동사+the+최상급 형용사+명사(목적어)'의 패턴으로 사용됩니다. 최상급을 만들 때는 대개 1음절 형용사에는 -est를 붙이고, 2음절을 가진 형용사는 -est을 붙이거나 most를 형용사 앞에 둡니다. 그러나 3음절 이상의 형용사는 형용사 앞에 most를 둡니다.

...은 가장 ~해요?
··· the -est ~. (최상급 의문문)

 녹음을 듣고 소리내어 읽어볼까요?

누가 반에서 가장 키가 커요?

Who is the tallest in your class?

후 이즈 더 톨리스트 인 유얼 클래스?

세계에서 가장 부유한 사람은 누구예요?

Who is the richest man in the world?

후 이즈 더 리치스트 맨 인 더 월드?

*자음+y로 끝나는 형용사와 부사는 y를 i로 바꾸고 -est을 붙인다

그 장미는 당신 정원에서 가장 예쁜 꽃입니까?

Is the rose the prettiest flower in your garden?

이즈 더 로즈 더 프리티스트 플라워 인 유얼 가든?

사계절 중 어느 계절이 가장 덥습니까?

Which is the hottest of the four seasons?

위치 이즈 거 핫티스트 옵 더 포어 시즌스?

다섯 명 중에 누가 가장 예뻐요?

Who is the most beautiful girl of the five?

후 이즈 더 모슷 뷰티풀 걸 옵 더 파입?

누가 가장 노래를 잘 부르죠?

Who sings the best of all the girls?

후 싱즈 더 베스트 옵 올 더 걸스?

A: Do you know who the richest person in the world is?

두 유 노우 후 더 리치스트 퍼슨 인 더 월드 이즈?

B: Well, I don't know.

웰, 아이 돈ㅌ 노우.

A: Google it.

구글 잇.

B: Okay, wait a minute!

오우케이, 웨잇 어 미닛!

A: 세상에서 가장 부자인 사람이 누군지 아세요?

B: 글쎄요, 잘 모르겠는데요.

A: 검색해봐요.

B: 좋아요. 잠깐만요!

학습포인트!

셋 이상의 것을 비교하는 문장에서 '누가 가장 ~한지, 최고가 누군지' 묻는 표현입니다. '~중에서 누가/무엇이 가장 …하니?'라고 묻는 거죠. '중에서'라는 범위는 같은 종류일 경우에는 of, 지역이나 단체인 경우에는 in을 써서 표현해요. be동사, do동사, who나 which 등의 의문사를 이용해서 의문문을 만들 수도 있습니다.

Who do you admire most? (누구를 가장 존경하니?)

201

날씨가 ~해요

It is + 날씨 ~.

▶ 녹음을 듣고 소리내어 읽어볼까요?

날씨가 더워요.

It is hot.

잇 이즈 핫.

*it의 기본적인 뜻은 '그것'

날이 따뜻해요.

It's warm.

잇츠 웜.

it는 앞에 말한 명사를 대신하는 대명사이다

아주 춥네요.

It's **very** cold.

잇츠 베리 콜드.

*날씨를 말할 때는 비인칭 주어 it을 쓰며

날이 습하네요.

It's humid.

잇츠 휴미드.

비인칭 주어 it은 아무 뜻도 없기 때문에

바람 부는 날입니다.

It's **a windy** day.

잇츠 어 윈디 데이.

'그것'이라고 따로 해석하지 않는다

여기는 어둡네요.

It is dark **here.**

잇 이즈 다크 히얼.

말해볼까요? ♪✧

A: **It is so cold!**

잇 이즈 쏘우 콜드!

B: **Moreover, it is raining.**

모어오버, 잇 이즈 레이닝.

A: **It's cold enough for snow.**

잇츠 콜드 이넙 풔 스노우.

B: **Yes, it's freezing, isn't it?**

예스, 잇츠 프리징 이즌ㅌ 잇?

A: 날씨가 너무 추워요!

B: 게다가 비까지 내리고 있네요.

A: 눈이 올 것 같은 추위예요.

B: 네, 얼어붙을 것 같아요, 그쵸?

학습포인트!

대명사 it은 대부분 '그것'이라고 해석하는데 가끔 '그것'이라고 해석하면 어색한 경우가 있습니다. 그런 경우의 it을 비인칭주어 it이라 하고, 보통 날씨, 시간, 거리, 요일, 계절 등을 나타낼 때 씁니다. 우리말에서는 주어를 생략하고 쓰는 경우가 무척 많지만 영어는 어떠한 경우에도 주어를 꼭 써 줘야 하기 때문에 마땅한 주어가 없을 때는 비인칭주어 it을 쓴다고 보면 됩니다.

Unit 10

~시예요

It is + 시간 ~.

▶ 녹음을 듣고 소리내어 읽어볼까요?

7시예요.

It is 7 o'clock.

잇 이즈 세븐 어클락.

*시간을 말할 때도 비인칭 주어 it을 쓴다

1시 10분입니다.

It is one ten.

잇 이즈 원 텐.

5시 15분이에요.

It is five fifteen.

잇 이즈 파입 핍틴.

6시 30분이에요.

It is six thirty.

잇 이즈 식스 써티.

9시 40분이에요.

It is nine forty.

잇 이즈 나인 포티.

11시 50분이에요.

It is eleven fifty.

잇 이즈 일레븐 핍티.

204

A: # What time is it now?

윗 타임 이즈 잇 나우?

B: # It's 12.

잇츠 투웰브.

A: # Let's get lunch!

렛츠 겟 런치!

B: # Maybe next time. I have to run some errands.

메이비 넥스트 타임. 아이 햅 투 런 썸 에어런즈.

A: 지금 몇 시야?

B: 12시.

A: 점심 먹으러 가자!

B: 다음에. 난 볼일 있어서 나가봐야 돼.

학습포인트!

시간을 묻거나 말할 때도 비인칭주어 it을 씁니다. What time is it now?(지금 몇 시야?)는 말 그대로 지금 시간이 몇 시인지 묻는 것이고, Is it ten o'clock?(지금 10시야?)은 정확히 10시인지, 혹은 10시가 맞는지 확인하는 것입니다. 참고로 거리를 묻거나 말할 때도 비인칭주어 it을 씁니다. How far is it from here? (여기서 얼마나 멀어?) / It's maybe about 3 kilometers. (3킬로미터쯤 될 거야.)

205

~요일이에요/~일이에요

It is + 날짜, 요일 ~.

▶ 녹음을 듣고 소리내어 읽어볼까요?

일요일이에요.

It's Sunday.

잇츠 썬데이.

*요일을 말할 때도 비인칭 주어 it을 쓴다

월요일이에요.

It's Monday.

잇츠 먼데이.

화요일이에요.

It's Tuesday.

잇츠 튜즈데이.

수요일이에요.

It's Wednesday.

잇츠 웬즈데이.

토요일이에요.

It's Saturday.

잇츠 쎄러데이.

9월 1일이에요.

It's the 1st of September.

잇츠 더 퍼슷 옵 셉템버.

*월을 말할 때도 비인칭 주어 it을 쓴다

A: **What day is it today?**
윗 데이 이즈 잇 투데이?

B: **It's Friday.**
잇츠 프라이데이.

A: **What's the date today?**
윗츠 더 데잇 투데이?

B: **It's the 2nd of December.**
잇츠 더 세컨드 옵 디쎔버.

A: 오늘 무슨 요일이에요?

B: 금요일이에요.

A: 오늘이 며칠이죠?

B: 12월 2일이에요.

 학습포인트!

요일을 묻거나 말할 때도 비인칭주어 it을 씁니다. 물론 날짜를 묻거나 말할 때도 비인칭주어 it을 사용합니다. 요일을 묻는 것과 헷갈리지 않게 어떤 차이가 있는지 잘 살펴보세요.

What day is it today? (오늘 무슨 요일이야?)
— It's Saturday. (토요일이야.)
What date is it today? (오늘 며칠이야?) — It's April 9th.

Unit 12

...하는 것은 ~이에요

가주어 it

▶ 녹음을 듣고 소리내어 읽어볼까요?

영어로 말하는 것은 어려워요.

It is difficult to speak English.

잇 이즈 디피컬ㅌ 투 스픽 잉글리쉬.

*주어가 구나 절이라서 너무 긴 경우에도 it을 형식적인 주어로 쓴다

누군가를 미워하는 것은 쉬워요.

It is easy to hate someone.

잇 이즈 이지 투 해잇 썸원.

hate 미워하는

수학을 공부하는 것은 중요해요.

It is important to study Math.

잇 이즈 임포턴ㅌ 투 스터디 매쓰.

important 중요한

당신과 얘기하는 것은 멋졌어요.

It was nice to talk with you.

잇 워즈 나이스 투 톡 윗 유.

사람을 이해하는 데는 오랜 시간이 걸려요.

It takes a long time to understand a person.

잇 테익스 어 롱 타임 투 언더스탠ㄷ 어 퍼슨.

메일을 폴더로 구성하는 것은 쓸모가 있어요.

It's useful to organize your mail into folders.

잇츠 유스플 투 오거나이즈 유얼 메일 인투 폴더스.

208

A: **It's difficult to learn a foreign language.**

잇츠 디피컬ㅌ 투 런 어 포린 랭귀지.

B: **Yes, I agree.**

예스, 아이 어그리.

A: **It's important to study every day.**

잇츠 임포턴ㅌ 투 스터디 에브리 데이.

B: **You are right.**

유 알 라잇.

A: 외국어를 배우는 것은 어려워요.

B: 나도 그렇게 생각해요.

A: 매일 공부하는 게 중요해요.

B: 맞아요.

학습포인트!

 가주어 it은 주어가 너무 길 때 사용합니다. 문장의 주어가 to 부정사구나 that 절일 때는 주어가 너무 길어서 장황한 느낌이 들고 이해하기 어렵기 때문입니다. 앞에 가주어 it을 써주고 진짜 주어를 뒤로 보내면 문장이 간단명료해지는 효과가 있습니다. 가주어 it은 외모, 가능성, 습관 감정, 중요성, 생각, 사실, 실용성, 거리, 시간 등 거의 모든 상황에 쓸 수 있습니다.

...은 ~을 ~해요

가목적어 it

 녹음을 듣고 소리내어 읽어볼까요?

나는 영어로 말하는 것이 어렵다고 생각해요.

I think it difficult to speak English.

아이 씽크 잇 디피컬ㅌ 투 스픽 잉글리쉬.

*목적어가 구나 절이라서 너무 긴 경우에도

나는 외교관이 되는 것은 어렵다고 생각해요.

I think it hard to be a diplomat.

아이 씽크 잇 하드 투 비 어 디플러맷.

it을 형식적인 목적어로 쓴다

나는 말로 하는 것이 힘들다는 것을 알았어요.

I find it hard to say in words.

아이 파인드 잇 하드 투 세이 인 워즈.

나는 그 문제를 푸는 것이 쉽다는 것을 알았어요.

I found it easy to solve the problem.

아이 파운드 잇 이지 투 솔브 더 프라블럼.

solve 풀다, 해결하다

나는 뉴스를 보는 것이 가능하도록 만들었어요.

I made it possible to watch the news.

아이 메이드 잇 파서블 투 워취 더 뉴스.

나는 6시까지 일어나는 것을 규칙으로 만들었어요.

I make it a rule to get up by 6.

아이 메이킷 어 룰 투 겟 업 바이 식스.

rule 규칙

말해볼까요?

A: **I make it a rule to get up by 6.**
아이 메이킷 어 룰 투 겟 업 바이 식스.

B: **Wow, that's a great idea.**
와우, 댓츠 어 그레잇 아이디어.

A: **Can you set the alarm for 6?**
캔 유 셋 디 얼람 풔 식스?

B: **Of course!**
옵 코스!

A: 나는 6시까지 일어나는 것을 규칙으로 만들었어요.

B: 와, 그건 정말 좋은 생각이야.

A: 알람을 6시에 맞춰주시겠어요?

B: 물론이지!

 학습포인트!

가목적어 it은 목적어가 너무 길 때 사용합니다. 목적어가 너무 길면 문장이 부담스러워지니까 문장을 좀 가볍게 정리하기 위해서 목적어 자리에 일단 가목적어 it을 쓰고 진짜 목적어는 문장 뒤로 보내는 것입니다. 기본 원리는 가주어 it을 쓰는 경우와 거의 같아서 특히 목적어가 to 부정사구 또는 that 절일 때 많이 씁니다.

211

다시 시작하는
영어 첫걸음

PART 07

완료시제
to부정사
동명사
사역동사
수동태

1 to부정사

to 부정사는 'to+동사원형'의 형태로 명사, 형용사, 부사 역할을 해요. 용법을 반드시 구분해서 외울 필요는 없지만 이렇게 구분해서 공부하면 이해하기 쉽다는 장점이 있어요.

to 부정사의 명사적용법은 '~하는 것, ~하기'로 해석되고, 주어, 목적어, 보어의 자리에 온답니다.
to 부정사의 형용사적 용법은 to부정사가 명사를 수식하거나 보어로 사용되는 경우를 말해요. '~하기 위한, ~할'로 해석해요.

to 부정사의 부사적 용법은 쓰임새에 따라 해석 방법이 달라요. 목적을 나타낼 때는 '~하기 위해서', 원인을 나타낼 때는 '~하다니, ~해서', 판단의 근거를 나타낼 때는 '~하다니, ~하는 것을 보니', 결과를 나타낼 때는 '~해서 ~하다', 조건을 나타낼 때는 '만약 ~라면' 등으로 말이죠. 형용사적 용법은 무조건 명사 뒤에 오지만 부사적 용법은 다양하게 위치를 움직일 수 있다는 차이가 있지만 그래도 형용사적 용법과 부사적 용법은 서로 구별하기 어려울 때가 많아요. 그럴 때는 해석으로 구분하는 수밖에요.

2 동명사

동명사는 동사에 -ing를 붙여서 명사의 역할을 하는 준동사예요. 명사처럼 주어, 목적어, 보어 자리에 오고 전치사 뒤에도 와요. 온갖 역할을 다하는 to부정사와는 달리, 동명사는 오직 명사 역할만 해요. 쓰임새도 to부정사의 명사적 용법과 똑같구요.

3 완료시제

완료시제에는 현재완료, 과거완료, 미래완료가 있는데, 모든 완료시제는 계속, 경험, 완료, 결과의 네 가지 용법이 있어요. 기본적으로 have/has + p.p. 형태를 갖고 있는데, 과거완료는 have/has를 had로 바꾸면 되고 미래완료는 have/has를 will have로 바꾸면 된답니다. 간단하죠?

❶ 현재완료형 - 계속
과거에 시작된 일이 현재까지 지속되고 있거나 끝났다는 것을 나타내고 싶을 때 사용해요.

❷ 현재완료형 - 경험
과거에 어떤 일을 한 적이 있다거나 어떤 곳에 가본 적이 있다는 등의 경험을 나타내는 표현이에요.

❸ 현재완료형 - 완료

현재를 기준으로 과거부터 지금까지 해왔던 어떤 행동이 지금 완료되었다는 것을 나타낼 때 사용하는 형태로, 완료형 가운데에서도 가장 활용도가 높아요.

❹ 현재완료형 - 결과

과거에 한 어떤 행동이 현재에까지 영향을 미치고 있다는 것을 나타내는 표현이에요.

4 사역동사

사역동사의 종류는 make, have, let 등이 있는데, 사역동사의 가장 큰 특징은 목적격 보어로 동사원형을 쓴다는 것과 현재분사를 뒤에 쓸 수 없다는 거예요. make는 '~하게 만들다'라고 해석하며 상대에게 무언가를 강제로 시키는 뉘앙스가 있어요. have는 '~하게 하다'라고 해석하며 부탁하는 뉘앙스가 있어요. let는 '~하게 하다'라고 해석하며 허가하는 뉘앙스가 있어요.

5 지각동사

지각동사는 인간의 오감(청각, 시각, 후각, 촉각, 미각)을 나타내는 단어들을 총칭해요. 예를 들면 look at, hear, see, smell, watch, feel, listen to 등이 있는데, 사역동사와 마찬가지로 지각동사 뒤에도 동사원형이 쓰인답니다. 여기에는 비밀이 하나 숨어 있어요. 사역동사와 지각동사 뒤에 쓰이는 동사원형은 사실은 동사원형 앞에 to가 생략된 원형부정사라는 거예요.

6 수동태

주어가 자발적으로 움직이는 것을 능동태라고 한다면, 수동태는 주어가 어떤 동작의 대상이 되어 움직여지는 것을 말해요. 보통 be + p.p.으로 나타내죠. 능동태를 수동태로 바꾸는 방법은 우선 목적어를 주어 자리로 옮기고, 동사를 be + p.p.로 바꿔요. 마지막으로 주어를 끝으로 보내서 'by + 행위자' 형태로 만들어주는데 행위자가 뻔한 경우에는 생략해도 돼요.

Unit 01

~하는 것

to+동사원형 (to부정사의 명사적 용법)

 녹음을 듣고 소리내어 읽어볼까요?

수영하는 것은 쉬워요.

To swim is easy.

투 스윔 이즈 이지.

to부정사는 to+동사원형의 형태로 명사, 형용사, 부사 역할을 한다

나는 영어 공부하는 것을 좋아해요.

I like to study english.

아이 라익 투 스터디 잉글리쉬.

*to부정사의 명사적용법은 '~하는 것, ~하기'로 해석되고,

거짓말을 하는 것은 좋지 않아요.

To tell a lie is not good.

투 텔 어 라이 이즈 낫 굿.

주어, 목적어, 보어의 자리에 온다

그들은 쉬고 싶어 해요.

They want to take a rest.

데이 원투 테이커 레숫.

rest 휴식

보는 것이 믿는 것이다.

To see is to believe.

투 씨 이즈 투 빌립.

believe 믿다

이해하는 것은 자유로워지는 것이다.

To understand is to be free.

투 언더스탠ㄷ 이즈 투 비 프리.

A: **Do you like to study English?**

두 유 라익 투 스터디 잉글리쉬?

B: **Yes, I like it very much.**

예스, 아이 라익 잇 베리 머치.

A: **Do you like to study Math, too?**

두 유 라익 투 스터디 매쓰, 투?

B: **No, I don't.**

노우, 아이 돈ㅌ.

A: 당신은 영어 공부하는 것을 좋아해요?

B: 예, 무척 좋아해요.

A: 수학 공부하는 것도 좋아해요?

B: 아니요.

학습포인트!

to부정사의 용법은 크게 3가지로 부사적 용법, 형용사적 용법, 명사적 용법이 있습니다. 명사적 용법은 '~하는 것'이라는 의미로 쓰이고 주어, 목적어, 보어 역할을 합니다. 하지만 문장 내에서 to부정사는 늘 정확하게 용법이 구별되는 것은 아니고, 이 용법이라 해도 되고 저 용법이라 해도 되는 경우도 꽤 많아서 실생활에서는 굳이 무슨 용법인지 구별할 필요는 없습니다.

Unit 02

~하기 위한

to+동사원형 (to부정사의 형용사적 용법)

▶ 녹음을 듣고 소리내어 읽어볼까요?

나는 믿을 친구가 필요해요.

I need a friend to trust.

아이 닛 어 프랜드 투 트러스트.

*to부정사의 형용사적 용법은 to부정사가 명사를 수식하거나

당신에게 말할 게 있어요.

I have something to tell you.

아이 햅 썸씽 투 텔 유.

보어로 사용되는 경우로 '~하기 위한, ~할'로 해석한다

우리는 그걸 살 돈이 없어요.

We don't have money to buy it.

위 돈ㅌ 햅 머니 투 바이 잇.

그들은 먹을 것이 필요해요.

They need something to eat.

데이 닛 썸씽 투 잇.

나는 할 일이 많아요.

I have many things to do.

아이 햅 매니 씽즈 투 두.

그녀는 의지할 친구가 없어요.

She has no friend to rely on.

쉬 해즈 노우 프랜드 투 릴라이 온.

rely 의지하다, 믿다

218

말해볼까요?

A: **I don't know how to do this alone.**

아이 돈ㅌ 노우 하우 투 두 디스 얼로운.

B: **Don't worry. There are many friends to help you.**

돈ㅌ 워리. 데얼 알 매니 프렌즈 투 핼프 유.

A: **I have no time to sleep these days.**

아이 햅 노우 타임 투 슬립 디즈 데이즈.

B: **They will be here soon.**

데이 윌 비 히얼 쑨.

A: 이걸 혼자서 어떻게 해야 할지 모르겠어요.

B: 걱정 마. 너를 도와줄 친구들이 많이 있어.

A: 요즘 잠잘 시간도 없어요.

B: 그들이 곧 올 거야.

 학습포인트!

to 부정사는 정말 다양한 문장 구조에서 사용되기 때문에 아주 중요합니다. 기본 개념부터 용법까지 잘 익혀둬야 하고 예문도 많이 봐둬야 합니다. to 부정사가 형용사적 용법으로 쓰일 때는 '~할'이라는 의미를 갖고 앞에 있는 명사를 꾸며주는 역할을 합니다. I have no time to sleep these day. (요즘은 잘 시간도 없어)에서 to sleep이 time을 꾸며서 잠 잘 시간이 되었죠?

Unit 03

~하기 위해/~해서

to+동사원형 (to부정사의 부사적 용법)

 녹음을 듣고 소리내어 읽어볼까요?

당신을 만나서 행복해요.

I'm happy to meet you.

아임 해피 투 밋츄.

*원인을 나타낼 때는 '~하다니, ~해서'

나는 돈을 벌기 위해 열심히 일해요.

I worked hard to earn money.

아이 웍트 하드 투 언 머니.

*목적을 나타낼 때는 '~하기 위해서'

그 소식을 듣고 그녀는 슬펐어요.

She felt sad to hear the news.

쉬 펠트 샛 투 히어 더 뉴스.

*판단의 근거를 나타낼 때는 '~하다니, ~하는 것을 보니'

그는 자라서 피아니스트가 되었어요.

He grew up to be a pianist.

히 그루 업 투 비 어 피애니스트.

*결과를 나타낼 때는 '~해서 ~하다'

그들은 과일을 좀 사려고 시장에 갔어요.

They went to the market to buy some fruits.

데이 웬투 더 마켓 투 바이 썸 푸룻츠.

이 책은 이해하기 쉬워요.

This book is easy to understand.

디스 북 이즈 이지 투 언더스탠드.

220

말해볼까요?

A: Hi, Jack. I'm happy to see you again.

하이, 잭. 아임 해피 투 씨 유 어게인.

B: Same here, Jane. How are you?

쎄임 히얼, 제인. 하우 알 유?

A: Pretty good. What's up?

프리티 굿. 윗츠 업?

B: I'm going on vacation next week.

아임 고우잉 안 베이케이션 넥스트 윅.

A: 안녕, 잭. 다시 만나서 반가워.

B: 나도 그래, 제인. 어떻게 지내?

A: 아주 좋아. 넌 어때?

B: 난 다음 주에 휴가 갈 거야.

학습포인트!

to부정사의 부사적 용법은 크게 5가지 의미가 있습니다. ① 목적 '~하기 위하여'라는 의미로 동사 수식 ② 원인 '~해서 ~하다'는 의미로 형용사나 동사 수식 ③ 이유나 판단의 근거 '~하는 것을 보니, ~하다니'라는 의미로 형용사, 부사, 동사 수식 ④ 결과 '~했다, ~해 버렸다'는 의미로 동사 수식 ⑤ 조건이나 가정 '~한다면'의 의미로도 쓰이지만 더 분명한 if가 주로 쓰입니다.

Unit 04

~하는 것

동사-ing (동명사의 명사 역할)

▶ 녹음을 듣고 소리내어 읽어볼까요?

보는 것이 믿는 것이다.

Seeing is believing.

씨잉 이즈 빌리빙.

*동명사는 동사에 -ing를 붙여서 명사의 역할을 하는 준동사이다

건강을 지키는 것은 중요하다.

Keeping healthy is important.

킵핑 핼씨 이즈 임포턴ㅌ.

*동명사는 오직 명사 역할만 한다

나는 테니스 하는 것을 좋아해요.

I like playing tennis.

아이 라익 플레잉 테니스.

*쓰임새도 to부정사의 명사적 용법과 똑같다

그녀는 드라마 보는 것을 무척 좋아해요.

She loves watching dramas.

쉬 러브스 워칭 드라마스.

책을 읽는 것은 중요해요.

Reading books is important.

리딩 북스 이즈 임포턴ㅌ.

시도하는 것은 해가 되지 않아요.(= 밑져야 본전이다)

Trying wouldn't hurt.

트라잉 우든ㅌ 허트.

hurt 다치게[아프게] 하다

222

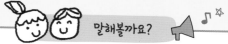

A: I love reading books with my children.

아이 럽 리딩 북스 윗 마이 칠드런.

B: Great! Reading books is very important for children.

그레잇! 리딩 북스 이즈 베리 임포턴ㅌ 풔 칠드런.

A: I love gardening, too.

아이 럽 가드닝, 투.

B: Gardening is my favourite weekend activity.

가드닝 이즈 마이 페이버릿 위켄ㄷ 액티비티.

A: 난 아이들과 함께 책 읽는 것을 참 좋아해요.

B: 훌륭해요! 책을 읽는 것은 아이들에게 아주 중요해요.

A: 난 정원가꾸기도 좋아해요.

B: 정원 가꾸기는 내가 가장 좋아하는 주말 활동이에요.

학습포인트!

 동명사는 동사의 원형에 -ing를 붙인 형태로 '~하는 것'이라는 의미를 갖습니다. 동명사는 문장 안에서 주어, 목적어, 보어로 쓰이는데 주어와 보어로 쓰인 동명사는 명사적 용법의 to부정사로 대신할 수 있습니다. Seeing is believing.(보는 것이 믿는 것이다) ⇒ To see is to believe. 또한, 동명사는 동사의 성질도 갖고 있어서 그 자체의 보어, 목적어, 수식어를 취할 수 있습니다.

Unit 05

...은 줄곧 ~하고 있어요

have[has] + p.p (현재완료_계속)

▶ 녹음을 듣고 소리내어 읽어볼까요?

나는 (줄곧) 아팠어요.

I have been ill.

아이 햅 빈 일.

*현재완료_계속; 과거에 시작된 일이 현재까지 지속되고 있거나

최근에는 아주 추웠어요.

It has been very cold lately.

잇 해즈 빈 베리 콜드 래잇틀리.

끝났다는 것을 나타내고 싶을 때 사용한다

그 이후로 나는 줄곧 여기서 살았어요.

I have lived here ever since.

아이 햅 립트 히얼 에버 씬스.

나는 10년 동안 영어를 공부해 왔어요.

I have studied English for ten years.

아이 햅 스터딧 잉글리쉬 풔 텐 이어스.

우리는 3년 동안 쭉 친구로 지내오고 있어요.

We have been friends for three years.

위 햅 빈 프랜즈 풔 쓰리 이어스.

나는 그가 어린아이일 때부터 알고 지냈어요.

I have known him since he was a child.

아이 햅 노운 힘 씬스 히 워즈 어 차일드.

말해볼까요?

A: Jane, what are you doing?

제인, 윗 알 유 두잉?

B: I have been doing my report for 3 hours.

아이 햅 빈 두잉 마이 리폿 풔 쓰리 아워즈.

A: Take it easy.

테이킷 이지.

B: I'm just gonna take a break.

아임 저슷 가너 테이커 브레익.

A: 제인, 뭐하고 있니?

B: 3시간째 계속 숙제 중이에요.

A: 쉬엄쉬엄 해.

B: 그렇잖아도 좀 쉬려고요.

학습포인트!

 현재완료의 계속을 나타내는 용법은 '~해 오고 있다'라는 의미로 과거의 행동이나 상태가 현재까지 계속되고 있고 어쩌면 현재를 넘어 미래에도 계속될 것 같은 느낌이 드는 표현입니다. for, since 등과 함께 자주 쓰입니다. 현재완료 계속은 횟수로 반복되는 반복 계속과 끊임없이 이어지는 진행 계속으로 나눌 수 있는데 그건 문장의 맥락을 보고 파악해야 합니다.

Unit 06

...은 (지금까지) ~한 적이 있어요

have[has] + p.p (현재완료_경험)

▶ 녹음을 듣고 소리내어 읽어볼까요?

나는 그를 한 번 만난 적이 있어요.

I have met him once.

아이 햅 멧 힘 원스.

*현재완료_경험; 과거에 어떤 일을 한 적이 있다거나

그들은 유럽에 간 적이 있어요.

They have been to Europe.

데이 햅 빈 투 유럽.

어떤 곳에 가본 적이 있다는 경험을 나타내는 표현이다

우리는 전에 그를 만난 적이 없어요.

We haven't met him before.

위 해븐ㅌ 멧 힘 비포어.

나는 그녀의 미소를 잊은 적이 없어요.

I have never forgotten her smile.

아이 햅 네버 풔가튼 헐 스마일.

forget (과거의 일, 전에 알고 있던 것을) 잊다

기린을 본 적이 있으세요?

Have you ever seen a giraffe?

햅 유 에버 씬 어 저래프?

giraffe 기린

대부분의 사람들은 이러한 법에 대해 전혀 들어본 적이 없어요.

Most people have never heard of these laws.

모슷 피플 햅 네버 허드 옵 디즈 로즈.

말해볼까요?

A: She was very kind and beautiful, wasn't she?

쉬 워즈 베리 카인드 앤 뷰티풀, 워즌ㅌ 히?

B: Yes, since that day, I have never forgotten her smile.

예스, 씬스 댓 데이, 아이 햅 네버 풔가튼 헐 스마일.

A: How long have you lived there?

하우 롱 햅 유 립트 데얼?

B: Ten years.

텐 이어즈.

A: 그녀는 정말 아름답고 친절했어, 안 그래요?

B: 응, 그날 이후로 난 그녀의 미소를
한시도 잊은 적이 없어요.

A: 거기서 얼마나 살았어요?

B: 10년이요.

학습포인트!

현재완료의 경험을 나타내는 용법은 '~한 적이 있다/없다'는 의미로 과거의 경험을 말할 때 쓰는 표현입니다. 한 번이건 여러 번이건 과거에 이미 겪은 일은 사라지지 않는다는 의미에서 경험은 늘 현재와 연결되어 있습니다. 그래서 현재완료 경험에는 흔히 ever, never, once, before 등이 함께 쓰입니다. I have met him once. (그를 한 번 만난 적이 있어.)

Unit 07

...은 ~했어요

have[has] + p.p (현재완료_완료)

 녹음을 듣고 소리내어 읽어볼까요?

방금 그녀를 만났어요.

I have just met her.

아이 햅 저슷 멧 헐.

*현재완료_완료; 현재를 기준으로 과거부터 지금까지 해왔던

그는 지금 막 집에 도착했어요.

He has just arrived home.

히 해즈 저슷 어라입드 홈.

어떤 행동이 지금 완료되었다는 것을 나타낼 때 사용한다

그녀는 방금 숙제를 끝냈어요.

She has just finished her homework.

쉬 해즈 저슷 피니시트 헐 홈웍.

그들은 이미 모든 음식을 다 먹었어요.

They have already eaten all the food.

데이 햅 올레디 잇튼 올 더 풋.

나는 아직 그 책을 읽지 못했어요.

I haven't read the book yet.

아이 해븐ㅌ 렛 더 북 옛.

신문을 다 읽으셨어요?

Have you finished with the paper yet?

햅 유 피니스트 윗 더 페이퍼 옛?

말해볼까요?

A: **Are you hungry?**
알 유 헝그리?

B: **No, I've just had lunch.**
노, 아입 저슷 햇 런치.

A: **Did you finish your homework?**
디쥬 피니시 유얼 홈웍?

B: **I have just finished my report.**
아이 햅 저슷 피니시트 마이 리폿.

A: 배고프니?

B: 아니, 금방 점심 먹었어.

A: 숙제는 다했니?

B: 지금 막 숙제 끝냈어.

 학습포인트!

현재완료의 완료를 나타내는 용법은 '막 ~했다'는 의미로 현재를 기준으로 과거부터 해왔던 행동이 지금 막 완료되었거나 얼마 지나지 않은 따끈따끈한 소식을 전할 때 많이 쓰는 용법입니다. 주로 just, already, yet 등과 함께 쓰여 지금 당장의 생생한 현장감을 느끼게 해주는 표현이라 활용도가 아주 높습니다. He has just arrived home. (그는 지금 막 집에 도착했다.)

Unit 08

...은 ~했어요

have[has] + p.p (현재완료_결과)

▶ 녹음을 듣고 소리내어 읽어볼까요?

지갑을 잃어버렸어요.

I have lost my wallet.

아이 햅 로슷 마이 월릿.

*현재완료_결과; 과거에 한 어떤 행동이 현재에까지

그녀는 유럽에 갔어요.

She has gone to Europe.

쉬 해즈 고운 투 유럽.

영향을 미치고 있다는 것을 나타내는 표현이다

봄이 왔어요.

Spring has come.

스프링 해즈 컴.

많이 컸구나!

You have grown up!

유 햅 그로운 업!

누군가가 창문을 깨뜨렸어요.

Someone has broken the window.

썸원 해즈 브로큰 더 윈도우.

나는 숙제를 이메일로 제출했어요.

I have sent my report by e-mail.

아이 햅 센트 마이 리폿 바이 이메일.

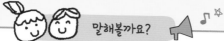
A: I haven't seen Jane in a while. Where did she go?

아이 해븐ㅌ 씬 제인 인 어 와일. 웨얼 딧 쉬 고우?

B: She has gone to Europe.

쉬 해즈 고운 투 유럽.

A: When does she come back?

웬 더즈 쉬 컴 백?

B: Well, I don't know that.

웰, 아이 돈ㅌ 노우 댓.

A: 제인이 한동안 통 안 보이네요. 어디 갔어요?

B: 유럽에 갔어요.

A: 언제 돌아와요?

B: 글쎄요. 그건 나도 몰라요.

 학습포인트!

'~해버렸다'는 의미로 과거에 한 어떤 행동이 원인이 되어 그 결과가 현재에 나타나거나 영향을 미치고 있다는 표현입니다. He has lost the wallet.(그는 지갑을 잃어버렸다)이라고 하면 지갑을 과거에 잃어버린 것이 원인이 되어 지금 현재 지갑을 잃어버린 상황에 있다는 것을 말합니다. 결과 부사는 따로 없고 다른 용법과 헷갈릴 때가 많아서 문맥으로 파악해야 합니다.

...은 ~하고 있어요
have[has] + been + -ing (현재완료 진행)

▶ 녹음을 듣고 소리내어 읽어볼까요?

3일 동안 계속 비가 내리고 있어요.

It has been raining for three days.
잇 해즈 빈 레이닝 풔 쓰리 데이즈.

나는 10년 동안 영어를 공부하고 있어요.

I have been studying English for 10 years.
아이 햅 빈 스터딩 잉글리쉬 풔 텐 이어스.

톰은 하루 종일 텔레비전을 보고 있어요.

Tom has been watching TV all day.
탐 해즈 빈 워칭 티비 올 데이.

*현재완료 진행은 과거의 동작이나 상황이

우리는 한 시간 동안 기다리고 있어요.

We've been waiting for an hour.
위브 빈 웨이팅 풔 언 아워.

지금까지 지속되어 있는 것을 나타낸다

그녀는 지난해부터 여기에서 일하고 있어요.

She has been working here since last year.
쉬 해즈 빈 워킹 히얼 씬스 라슷 이어.

영어 공부한 지 얼마나 되셨어요?

How long have you been studying English?
하우 롱 햅 유 빈 스터딩 잉글리쉬?

말해볼까요?

A: Where have you been? I've been looking for you for the last half hour.

웨얼 햅 유 빈? 아입 빈 룩킹 풔 유 풔 더 라슷 하프 아워.

B: What's the matter?

윗츠 더 매더?

A: What's with your hands?

윗츠 윗 유얼 핸즈?

B: Oh, I have been fixing my bicycle.

오우, 아이 햅 빈 픽싱 마이 바이시클.

A: 어디 갔었니? 지난 30분 동안 계속 찾고 있었어.

B: 무슨 일 있어?

A: 손은 왜 그래?

B: 아, 자전거 고치고 있었거든.

 학습포인트!

현재완료 진행형은 말 그대로 현재완료와 진행형이 합쳐진 것으로 과거에 시작한 행위가 현재에도 계속되는 것을 나타냅니다. 계속의 의미를 갖기 때문에 for, since와 함께 사용되고 현재완료보다 현재까지의 계속성이 더 강합니다. 단, 상태동사(believe, know, love, like)와 지각동사(feel, hear, see)는 현재 그 일이 일어나고 있다 해도 진행형으로 쓸 수 없습니다.

~했었어요/~였었어요

had + 과거분사 (과거완료)

 녹음을 듣고 소리내어 읽어볼까요?

지갑을 잃어버려서 돈이 없었어요.

I had no money, I had lost my wallet.

아이 햇 노 머니, 아이 햇 로숫 마이 월릿.

그가 돌아왔을 때 그들은 이미 떠나고 없었어요.

When he returned, they had already gone.

웬 히 리턴드, 데이 햇 올레디 고운.

우리는 이렇게 큰 도시에 와본 적이 없었어요.

We had never been to this big city before.

위 햇 네버 빈 투 디스 빅 시티 비포어.

나는 그를 기다리고 있었어요.

I had waited for him.

아이 햇 웨이팃 풔 힘.

*과거완료는 과거의 동작, 현상, 행위 등이

그는 다리를 다쳤었어요.

He had injured his leg.

히 햇 인저드 히즈 렉.

실현되었음을 나타내는 시제이다

그녀는 머리스타일을 바꿨었어요.

She had changed her hair styles.

쉬 햇 체인지드 헐 헤어 스타일스.

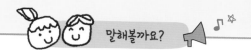 말해볼까요?

A: **Why were you absent from the meeting?**

와이 워르 유 앱센트 프럼 더 미팅?

B: **I had injured my leg yesterday.**

아이 햇 인저드 마이 렉 예스터데이.

A: **How did you hurt it?**

하우 디쥬 헛 잇?

B: **I had fallen over a stone.**

아이 햇 폴런 오우버 어 스톤.

A: 왜 회의에 나오지 않았어요?

B: 어제 다리를 다쳤었어요.

A: 어쩌다가 다쳤어요?

B: 돌에 걸려 넘어졌어요.

학습포인트!

과거완료는 문법적인 개념, 활용, 기능이 모두 현재완료와 같고 단지 시간대만 과거로 이동한 것이므로 앞에서 배운 현재완료를 이해했다면 과거완료는 아주 쉽습니다. 과거완료는 대부분 두 개의 문장을 접속사 before, when, by the time, 부사 already 등으로 연결해서 표현합니다. 비교할 수 있는 과거의 기준점이 필요하기 때문입니다.

Unit 11

~일 거예요/~했을 거예요
will have[has] + 과거분사 (미래완료)

▶ 녹음을 듣고 소리내어 읽어볼까요?

내년에 나는 여기서 일한 지 2년이 돼요.

Next year I will have worked here for two years.

넥슷 이어 아이 윌 햅 웍트 히얼 풔 투 이어스.

다음 달에 우리는 결혼한 지 3년이 돼요.

Next month we will have been married for three years.

넥슷 먼쓰 위 윌 햅 빈 메리드 풔 쓰리 이어스.

그 때까지는 그가 가고 없을 거예요.

He will have gone by that time.

히 윌 햅 고운 바이 댓 타임.

*미래완료는 미래의 동작, 현상, 행위 등이

돌아오는 이번 주 금요일까지는 그 일을 끝낼 거예요.

I will have finished by this Friday.

아이 윌 햅 피니시트 바이 디스 프라이데이.

막 끝남을 나타내는 시제이다

우리가 거기에 도착하면 영화는 벌써 시작했을 거예요.

The movie will already have started when we go there.

더 무비 윌 올레디 햅 스타팃 웬 위 고우 데얼.

나는 오늘부터 3일 후에는 이미 등록을 끝낼 거예요.

I will have registered after three days from now.

아 윌 햅 레지스터드 앱터 쓰리 데이즈 프럼 나우.

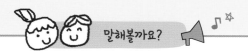 말해볼까요?

A: **I will have finished my report by tomorrow.**

아이 윌 햅 피니시트 마이 리폿 바이 터마로우.

B: **Is it possible?**

이즈 잇 파써블?

A: **Please, help me.**

플리즈, 핼프 미.

B: **I'm sorry I can't.**

아임 쏘리 아이 캔ㅌ.

A: 내일 난 숙제를 끝냈을 거야.

B: 가능할까?

A: 좀 도와줘.

B: 미안하지만 안 돼.

 학습포인트!

미래완료 역시 문법적인 개념, 활용, 기능이 모두 현재완료와 같고 단지 시간대만 미래로 이동한 것입니다. 미래의 특정한 시점을 기준으로 그 이전에 발생한 일이 완료되거나 영향을 미칠 때 사용합니다. 그러므로 현재완료에 대한 개념만 분명히 알고 과거완료는 기준점이 과거이고 미래완료는 기준점이 미래라는 것만 알면 됩니다.

...은 ~에게 ~하게 했어요

사역동사 make, let, have + 동사원형

 녹음을 듣고 소리내어 읽어볼까요?

나는 그에게 방을 청소하게 했어요.

I made him clean the room.

아이 메잇 힘 클린 더 룸.

*make는 상대에게 무언가를 강제로 시키는 뉘앙스가 있다

나는 그가 방을 청소하게 했어요.

I have him clean the room.

아이 햅 힘 클린 더 룸.

*have는 '~하게 하다'라고 해석하며 부탁하는 뉘앙스가 있다

나는 그가 방을 청소하게 (허락)했어요.

I let him clean the room.

아이 렛 힘 클린 더 룸.

*let는 '~하게 하다'라고 해석하며 허가하는 뉘앙스가 있다

그녀는 그에게 컴퓨터를 고치게 만들었어요.

She made him repair her computer.

쉬 메잇 힘 리페어 헐 컴퓨터.

그녀는 그에게 컴퓨터를 고치게 했어요.

She had him repair her computer.

쉬 햇 힘 리페어 헐 컴퓨터.

repair 수리하다, 고치다

그는 아이들에게 TV를 보게 (허락)했어요.

He let his children watch TV.

히 렛 히즈 칠드런 워치 티비.

238

말해볼까요?

A: **Please don't leave me alone.**
플리즈 돈트 리브 미 얼로운.

B: **Please let me go.**
플리즈 렛 미 고우.

A: **I made you a doctor.**
아이 메잇 유 어 닥터.

B: **Thank you for that.**
땡큐 풔 댓.

A: 제발 나 혼자 두고 가지 마!

B: 제발 가게 해줘.

A: 내가 널 의사로 만들었어.

B: 그건 고마워.

 학습포인트!

사역동사란 문장의 주어가 다른 사람이나 물건에게 어떤 행동을 하게 만드는 것을 표현할 때 사용되는 동사로 make, get, let, have 4가지가 있습니다. 모두 '~하게 하다'라는 의미를 갖기 때문에 4개 중에서 아무거나 사용해도 되지만 make는 '~하게 만들다'의 뉘앙스로, have는 '~하게 하다'의 뉘앙스로, let은 '~하도록 허락하다, 허용하다' 정도의 뉘앙스로 강도가 조금씩 다릅니다.

...은 ~를 보았어요[들었어요/느꼈어요 등]

지각동사 + 동사원형

 ▶ 녹음을 듣고 소리내어 읽어볼까요?

나는 그들이 수영장에서 헤엄치는 것을 봤어요.

I saw them swim in the pool.

아이 쏘우 댐 스윔 인 더 풀.

*사역동사와 마찬가지로 지각동사 뒤에도 동사원형이 쓰인다

넌 그가 노래 부르는 것을 들었니?

Did you hear him sing a song?

디쥬 히어 힘 싱 어 송?

*사역동사와 지각동사 뒤에 쓰이는 동사원형은 사실은

나는 누군가 나를 따라오는 것을 느꼈어요.

I felt someone follow me.

아이 펠트 썸원 팔로우 미.

동사원형 앞에 to가 생략된 원형부정사이다

넌 양들이 먹고 잠자는 것을 지켜보아야 해.

You must watch the sheep sleep and eat.

유 머슷 워치 더 십 슬립 앤 잇.

너는 집이 지금 막 흔들린 것을 느꼈니?

Did you feel the house shake just now?

디쥬 필 더 하우스 쉐익 저슷 나우?

나는 멀리서 누군가가 소리치는 것을 들었어요.

I heard someone shout in the distance.

아이 허드 썸원 샤웃 인 더 디스텐스.

A: **Did you hear him sing?**

디쥬 히어 힘 싱?

B: **No, I didn't.**

노, 아이 디든ㅌ.

A: **I saw him singing on stage.**

아이 쏘우 힘 씽잉 온 스테이지.

B: **When?**

웬?

A: 그가 노래하는 거 들었니?

B: 아니, 못 들었는데.

A: 난 그가 무대 위에서 노래하는 걸 봤어.

B: 언제?

학습포인트!

인간의 오감을 나타내는 지각동사는 hear, see, smell, watch, feel 등이 있습니다. 지각동사는 주로 '주어+지각동사+목적어+목적보어'의 형태로 쓰이며, 목적보어는 목적어에 따라 달라집니다. ① 목적어와 목적보어의 관계가 의미상 능동이면 동사원형 ② 목적어가 '~하고 있는' 진행의 의미이면 현재분사 ③ 목적어와 목적보어의 관계가 의미상 수동이면 과거분사가 옵니다.

Unit 14

...은 ~에 의해서 ~되었어요

주어 + be동사 + 과거분사 + by ~. (수동태 긍정문)

 녹음을 듣고 소리내어 읽어볼까요?

그 케이크는 나에 의해 만들어졌어요(내가 만들었어요).

The cake is made by me.

더 케익 이즈 메잇 바이 미.

*수동태는 주어가 어떤 동작의 대상이 되어 움직여지는 것을 말한다

선물이 그에 의해 주어졌어요(그가 선물을 주었어요).

A gift is given by him.

어 깁트 이즈 기븐 바이 힘.

이 집은 1930년에 지어졌어요.

This house was built in 1930.

디스 하우스 워즈 빌트 인 나인틴 써티.

*행위자가 뻔한 경우에는 by+행위자를 생략한다

나는 시카고에서 태어났어요.

I was born in Chicago.

아이 워즈 본 인 시카고우.

고양이가 강아지한테 쫓겨다녀요.

A cat is chased by a dog.

어 캣 이즈 체이스트 바이 어 독.

그 팩스는 톰에 의해서 보내졌어요(그 팩스는 톰이 보냈어요).

The fax is sent by Tom.

더 팩스 이즈 센트 바이 탐.

242

말해볼까요?

A: Jane is a lovely kid, isn't she?

제인 이즈 어 러블리 키드, 이즌ㅌ 쉬?

B: Yes, she is. She was brought up by her grandmother.

예스, 쉬 이즈. 쉬 워즈 브로웃 업 바이 헐 그랜마더.

A: Really?

리얼리?

B: Her parents died early.

허 페어런츠 다이드 어얼리.

A: 제인은 사랑스러운 아이에요, 그쵸?

B: 네, 그래요. 그 앤 할머니한테 길러졌어요.

A: 그래요?

B: 그애 부모는 일찍 죽었어요.

 학습포인트!

수동태는 목적어가 주어로 와서 '~되다, ~당하다'라는 의미를 가집니다. 문장에서 가장 중요한 것이나 사람을 두드러지게 나타내기 위해서 사용된다고 볼 수 있습니다. 반대로 누가 해당 행동을 했는지 모르거나 드러내고 싶지 않을 때 사용되기도 합니다. 수동태를 사용하면서도 누가 또는 무엇이 해당 동작을 수행하는지 말하고 싶을 때는 전치사 by를 이용합니다.

Unit 15

...은 ~에 의해서 ~되지 않아요
주어 + be동사 + not + 과거분사 + by ~. (수동태 부정문)

  녹음을 듣고 소리내어 읽어볼까요?

그 케이크는 나에 의해 만들어진(내가 만든) 게 아니에요.

The cake is not made by me.

더 케익 이즈 낫 메잇 바이 미.

선물이 그에 의해 주어진(그가 준) 게 아니에요.

A gift is not given by him.

어 깁트 이즈 낫 기븐 바이 힘.

이 집은 1930년에 지어지지 않았어요.

This house was not built in 1930.

디스 하우스 워즈 낫 빌트 인 나인틴 써티.

개는 고양이한테 쫓기지 않아요.

A dog is not chased by a cat.

어 독 이즈 낫 체이스트 바이 어 캣.

chase 뒤쫓다, 추적하다

그 팩스는 톰에 의해서 보내진(톰이 보낸) 게 아니에요.

The fax is not sent by Tom.

더 팩스 이즈 낫 센트 바이 탐.

쥐는 호랑이에 의해서 사냥되지 않아요.

A rat is not hunted by a tiger.

어 랫 이즈 낫 헌티드 바이 어 타이거.

hunt 사냥하다

말해볼까요?

A: The movie ET was directed by Tim Burton.

더 무비 이티 워즈 디렉터드 바이 팀 버튼.

B: No, The movie ET was not directed by Tim Burton.

노우 더 무비 이티 워즈 낫 디렉터드 바이 팀 버튼.

A: Then who?

덴 후?

B: The movie ET was directed by Spielberg.

더 무비 이티 워즈 디렉터드 바이 스필버그.

A: 영화 ET는 팀 버튼이 감독했어.

B: 아니, 영화 ET는 팀 버튼이 감독하지 않았어.

A: 그럼 누구?

B: 영화 ET는 스필버그 감독 작품이야.

학습포인트!

수동태 부정문은 '~되지 않다, ~당하지 않다'라는 뜻을 가집니다. 수동태 부정문을 만들 때 주의할 점은 ① any는 부정어구 not, never 앞에 쓰지 않는다는 것과 ② by 뒤에 nothing, nobody, no one을 쓸 수 없다는 것입니다. ②의 경우에는 각각 'not ~ anything. not ~ anybody, not ~ anyone'으로 분리되어 not만 문장의 앞으로 이동합니다.

...은 ~에 의해서 ~되었어요?

be동사 + 주어 + 과거분사 + by ~? (수동태 의문문)

 녹음을 듣고 소리내어 읽어볼까요?

그 케이크는 당신에 의해 만들어졌나요(당신이 만들었어요)?

Is the cake made by you?

이즈 더 케익 메잇 바이 유?

선물이 그에 의해 주어졌어요(그가 준 거예요)?

Is a gift given by him?

이즈 어 깁트 기븐 바이 힘?

이 집은 1930년에 지어졌어요?

Was this house built in 1930?

워즈 디스 하우스 빌트 인 나인틴 써티?

built 세우다, 짓다

고양이는 개한테 쫓겨 다녀요?

Is a cat chased by a dog?

이즈 어 캣 체이스트 바이 어 독?

팩스는 톰에 의해 보내졌나요(톰이 보냈나요)?

Is the fax sent by Tom?

이즈 더 팩스 센트 바이 탐?

send 보내다

쥐는 호랑이에 의해서 사냥되나요?

Is a rat hunted by a tiger?

이즈 어 랫 헌티드 바이 어 타이거?

246

말해볼까요?

A: # Was this house built by your father?

워즈 디스 하우스 빌트 바이 유얼 파더?

B: # Yes, it was.

예스, 잇 워즈.

A: # When was this house built?

웬 워즈 디스 하우스 빌트?

B: # This house was built in 1990.

디스 하우스 워즈 빌트 인 나인틴 나인티.

A: 이 집은 네 아버지에 의해 지어졌어?

B: 응, 그래.

A: 이 집은 언제 지어졌어?

B: 이 집은 1990년에 지어졌어.

 학습포인트!

수동태 의문문은 자주 쓰이는 표현은 아니지만 종류는 4가지입니다. 의문사가 없는 경우, 의문대명사가 주어인 경우, 의문대명사가 목적어인 경우, 의문부사가 있는 경우입니다. 의문대명사가 주어인 경우에는 by whom 등으로 바꿔서 맨 뒤로 보내지 않고 그대로 앞에 둡니다. 이것은 의문사는 어떤 경우라도 문장 맨 앞에 위치한다는 원칙 때문입니다.